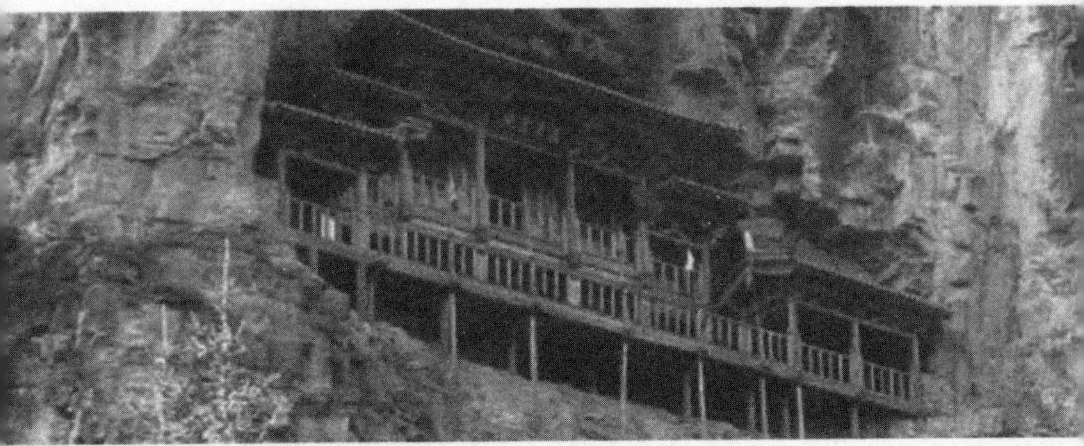

中国文化知识读本

悬空寺

主编 金开诚
编著 徐威

吉林出版集团有限责任公司
吉林文史出版社

图书在版编目（CIP）数据

悬空寺 / 徐威编著 .—长春：吉林出版集团有限责任公司：吉林文史出版社，2010.3（2022.1 重印）
（中国文化知识读本）
ISBN 978-7-5463-2669-6

Ⅰ.①悬… Ⅱ.①徐… Ⅲ.①寺庙 – 简介 – 大同市 Ⅳ.① K928.75

中国版本图书馆 CIP 数据核字（2010）第 045879 号

悬空寺

XUAN KONG SI

主编/金开诚　编著/徐威
责任编辑/曹恒　崔博华　责任校对/王新
装帧设计/曹恒　摄影/金诚　图片整理/董昕瑜
出版发行/吉林文史出版社　吉林出版集团有限责任公司
地址/长春市人民大街4646号　邮编/130021
电话/0431-85618717　传真/0431-85618721
印刷/三河市金兆印刷装订有限公司
版次/2010年3月第1版　2022年1月第4次印刷
开本/650mm×960mm　1/16
印张/8　字数/30千
书号/ISBN 978-7-5463-2669-6
定价/34.80元

《中国文化知识读本》编委会

主　任 胡宪武

副主任 马　竞　　周殿富　　孙鹤娟　　董维仁

编　委 (按姓名笔画排列)

于春海　　王汝梅　　吕庆业　　刘　野　　李立厚

邴　正　　张文东　　张晶昱　　陈少志　　范中华

郑　毅　　徐　潜　　曹　恒　　曹保明　　崔　为

崔博华　　程舒炜

关于《中国文化知识读本》

　　文化是一种社会现象，是人类物质文明和精神文明有机融合的产物；同时又是一种历史现象，是社会的历史沉积。当今世界，随着经济全球化进程的加快，人们也越来越重视本民族的文化。我们只有加强对本民族文化的继承和创新，才能更好地弘扬民族精神，增强民族凝聚力。历史经验告诉我们，任何一个民族要想屹立于世界民族之林，必须具有自尊、自信、自强的民族意识。文化是维系一个民族生存和发展的强大动力。一个民族的存在依赖文化，文化的解体就是一个民族的消亡。

　　随着我国综合国力的日益强大，广大民众对重塑民族自尊心和自豪感的愿望日益迫切。作为民族大家庭中的一员，将源远流长、博大精深的中国文化继承并传播给广大群众，特别是青年一代，是我们出版人义不容辞的责任。

　　《中国文化知识读本》是由吉林出版集团有限责任公司和吉林文史出版社组织国内知名专家学者编写的一套旨在传播中华五千年优秀传统文化，提高全民文化修养的大型知识读本。该书在深入挖掘和整理中华优秀传统文化成果的同时，结合社会发展，注入了时代精神。书中优美生动的文字、简明通俗的语言、图文并茂的形式，把中国文化中的物态文化、制度文化、行为文化、精神文化等知识要点全面展示给读者。点点滴滴的文化知识仿佛繁星，组成了灿烂辉煌的中国文化的天穹。

　　希望本书能为弘扬中华五千年优秀传统文化、增强各民族团结、构建社会主义和谐社会尽一份绵薄之力，也坚信我们的中华民族一定能够早日实现伟大复兴！

目录

一、悬空寺建造的历史及地理环境 001
二、悬空寺的建筑特色 019
三、悬空寺的与众不同 037
四、悬空寺的宗教特色 055
五、悬空寺的谜与传说 075
六、悬空寺的僧人及周边景观 091

鬼泣関寺

一 悬空寺建造的历史及地理环境

太行山

（一）三晋文化下的山西

1. 三晋的由来

山西位于太行山西侧、黄河东部，因为地处太行山的西边而得名山西，这里自古就被称作"表里山河"。在西周的时候，作为晋国属地的山西，最初被称作唐国，因为晋水流经这里，于是又改国名为晋。春秋时期，鼎鼎大名的"春秋五霸"之一的晋文公，就出自这里。

晋文公重耳的霸业只维持了几年的时间，随着他的去世，他的产业逐渐被当初跟随他流亡在外打拼天下的韩、赵、魏、智、范、中行六大家族所控制，这六大家族被称作六卿。他们都有自己的武装，在自己的地盘上

山西古城墙

很嚣张，于是越做越大，他们的强大带来的后果就是极大地削弱了晋国的统治力。经过一轮又一轮的火拼，六家只剩下韩、赵、魏三家，晋国的政权也随之落入韩、赵、魏三家的手中。当时名义上的国主晋幽公为了保住性命，还得去朝拜这三家，请求他们的保护。这三家把晋国的土地一分为三，史称"三家分晋"。

2. 三晋文化

"三晋文化"，就是指西周初年到战国末年晋国文化和韩、赵、魏文化的统称。由于周王朝统治力的日趋微弱，原本各诸侯国谨守的周礼也受到全面的冲击。"礼崩乐坏"是对

山西地处黄河中下游

这一时期典章制度逐渐被废弃的一种形象描述。这样一种缺少束缚的环境，为三晋文化的崛起提供了空间。这时所提倡的思想已经不再限于原先维持周天子的分封与宗法，而带有封建地主阶级文化的萌芽。战国时期有名的法家代表人物李悝、吴起、商鞅、申不害、韩非子等人大多都活动在三晋国家，因此从这一角度可以说三晋地区是法家文化的摇篮。

从地理位置上分析，这里地处黄河中下游交汇处，是中原华夏民族和北方戎狄民族直接碰撞的地方，因此是两大不同类型民族杂居的重要诸侯国。面对这样的情形，晋国从开国君主唐叔虞起，就对戎狄民族及其文化采取比较宽容的政策。这种兼容并蓄的作风，使得这里成为了多民族活动的大舞台，不同民族的文化在这里交融，用中原文化和北方游牧文化的第一次大融合来形容，也并不为过。其中春秋时期晋悼公的"魏绛和戎"和战国时期的赵武灵王"胡服骑射"都是在晋这片文化开放的地方出现的。

此外，在春秋战国时期，这里的商品交换及贸易也很发达，出现了像猗顿、吕不韦那样的豪商巨贾。活跃在三晋的战国纵横家学派苏秦、张仪、公孙衍就是商人阶级的思想政治代表。所以，我们可以大胆地推想，明清两朝时著名的"晋商"，其实早在三晋时期就有了为商的血统。

山西大院

3 三晋文化的核心

在"三晋文化"历史故事当中，"重耳出亡""割股啖君""秦晋之好""绵山归隐""麑触槐""搜孤救孤""豫让吞炭""完璧归赵""负荆请罪"等成语、典故经久不衰。介子推、陈程、公孙杵臼、豫让、蔺相如等组成了古代"三晋义士"的光辉人物画廊，以他们的故事改编的戏剧、小说等作品至今仍然广泛流传。这些事实说明"三晋文化"中的"忠""义"无疑是这一地区亘古不变的核心。

最有名的关公也是"义薄云天""轻财仗义""舍生取义""忠不负心"。"桃园结义"的戮力同心，赴汤蹈火，至今仍令人敬仰。乃至到了元末明初，小说家罗贯中笔下的关羽成了一个集"忠""义""勇"于一身的理想化的文学人物。除了关羽的"义勇精神"，北宋时期"杨家将"忠勇爱国的故事，也被历代人争相传颂，这些都是三晋文化"忠""义"精神的余韵与流响。

（二）北魏时的风骨

悬空寺最初建在北魏后期（491年），

悬空寺最初建于北魏后期

悬空寺

现存的建筑是明、清两个朝代修建后遗留下来的。北魏究竟是个怎样的王朝？为什么偏偏要在公元491年修建悬空寺，这就要追溯到遥远的北魏王朝。

1. 遥远的北魏王朝

历史上有名的淝水之战，是前秦苻坚和东晋之间的一场战争。这场战争，对于前秦政权和苻坚来说，是由强而弱的一个转折，北方地区暂时统一的局面逐渐解体，而对于东晋王朝有效地遏制了北方少数民族南下的侵扰，为江南地区社会经济的恢复和发展提供了条件。就在这场战争发生之后的第三年，也就是公元386年，鲜卑拓跋珪恢复了曾被苻坚所灭的代政权，改国号为魏，历史上称为"北魏"。

拓跋珪死后，他的儿子拓跋嗣任用汉族的大地主范阳的卢玄、赵郡的李灵等人共同治理国家，形成了拓跋贵族和汉人豪族联合的封建政权，国力增强很快。在拓跋嗣死后，他的儿子，16岁的拓跋焘即位，这样一个年幼的少主刚刚即位，就遇上北方大漠政权柔然的疯狂入侵北魏。虽然年轻却毫不示弱的拓跋焘开始主动反击，先后13次出兵柔然，

淝水之战旧址

恒山悬空寺

悬空寺

最终使柔然臣服于北魏，在公元419年，太武帝拓跋焘，统一了中国北方的黄河流域，为日后统一北方迈出了重要的一步。

在拓跋焘在位期间，北败柔然，西逐吐谷浑，又灭了北燕、北凉，使北方长期的分裂割据局面趋于统一，结束了长达一百五十多年的中原混战，同时也为以后社会经济的发展以及孝文帝的汉化改革创造了较为安定的环境。

2. 北魏著名的孝文帝

北魏孝文帝拓跋宏在3岁的时候就被立为太子，他的父亲献文帝信奉佛教，对于自己身为皇帝而苦恼，他讨厌政治，喜欢修身养性。于是，在拓跋宏才5岁的时候（471年），他那个想要超脱尘世的父亲就把皇位让给了他。而北魏一直以来有一个很残忍的规矩，就是"立其子杀其母"，就是一个孩子被立为国君的时候，就要杀掉她的母亲。这是为了防止出现西汉吕后干政的悲剧而想出的对策，一定程度上可以避免外戚专权，但是对于年仅五岁的孩子而言，却又是一种残忍。

魏孝文帝拓拔宏

仅仅5岁的拓跋宏失去母亲之后，只能让他的祖母冯太后抚养，所以在471年到490年之间，冯太后一直把持着朝政。俗话说"没娘

《北魏孝文帝礼佛图》石刻

的孩子早当家"，拓跋宏从小就聪明过人，而且比同龄的孩子要成熟稳重很多，冯太后担心他长大以后会对自己不利，所以一直都不喜欢他。

有一次，冯太后听信了别人的谗言，狠狠地惩罚了还是个孩子的拓跋宏，并且把穿着单衣的小皇帝关在一间空屋子里，当时正是寒冬时节，小皇帝冻得瑟瑟发抖。不仅这样，冯太后还罚他三天不准吃饭，并且打算废掉他。多亏了大臣穆泰的劝阻，拓跋宏才保住了皇位。尽管被自己的亲奶奶这样对待，生性仁厚的小拓跋宏，却一直把冯太后当亲人，甚至是母亲一样看待。处在皇宫内院的拓跋宏并不像西汉时期的汉武帝和窦太后一样不断地进行权力较量，生性孝顺的拓跋宏，直到冯太后去世之后（491年）才正式掌管朝政。而就在拓跋宏掌权的公元491年，发生了以下的事：

孝文帝（拓跋宏）开始正式亲自处理朝廷事务；

孝文帝下诏令规定皇家祖庙四个季节的祭品；

北魏任命安定王拓跋休为太傅，齐郡王

拓跋简为太保。

吐谷浑在洮州修筑了洮阳城、牛头城和庙宇，佛教文化开始在洮州传播；

修建悬空寺。

显然这一连串的罗列显示，在公元491年，孝文帝开始执掌国事，他所有的抱负、设想也开始真正付诸实施。魏孝文帝的一生都在大力推行汉化政策，对于民族大融合起到了极大的促进作用。改官职、禁胡服、断北语、改汉姓、定族性、迁都洛阳等一系列措施，不仅促进了北魏的政治、经济发展，更促进了自身的发展，并巩固了封建统治。在对待宗教政策上，孝文帝采取兼容并蓄的

孝文帝掌权后，将修建悬空寺提上政事日程

悬空寺建造的历史及地理环境

011

态度,从公元491年发生的一系列大事中可以看出孝文帝对于宗教的重视。

(三)从恒山派到恒山

前人喜欢把悬空寺概括为:"面对恒山,背倚翠屏;上载危岩,下临深谷;凿石为基,就岩起屋;结构惊险,造型奇特。"因此提到悬空寺,就不得不简要介绍一下恒山,而提到恒山,金庸小说中的恒山派自然不能绕过。

悬空寺上载危岩,下临深谷

1. 恒山派与恒山

看过金庸小说《笑傲江湖》的人都知道其中有个恒山派,在《笑傲江湖》中悬空寺也是作为恒山最为奇妙的建筑出现的——令狐冲被哑婆婆绑架关押的地方就是悬空寺。在令狐冲做恒山掌门之前,恒山和峨眉山一样,山上全是女人,堪称是女人山。

电视版、小说版《笑傲江湖》的普及,人们自然而然会认为恒山上会有很多女尼姑,恒山也有很深的佛学渊源。而事实上却并不是这样的。恒山是道教的名山,和尼姑们其实并没有什么关系。在山上你会经常看到几个老道在观中闭目养神，他们的那种气定神闲倒是让我这个生存在闹市的人有几分羡慕。因此，下面的文字是想要展现一个真实的恒山。

恒山得名很早。"正北曰并州，其山镇曰恒山"（《周礼》），早在四千年前舜帝北巡时即封为北岳，《尔雅》就有恒山为北岳的记载。恒山古时候又有常山的别名，取"北方阴终阳始，其道常久"之意。根据《尚书》的记载，四千多年前，舜北巡的时候，看到这里山势险峻，峰奇壁立，封恒山为北岳，作为万山的宗主。后来大禹治水的时候也有"河之北属恒山"的记载，秦始皇时，朝封天下十二名山，恒山被推崇为天下第二山。汉武帝、唐太宗、唐玄宗、宋真宗也都封北岳为王或帝，明太祖又尊北岳为神。历代的名人、学士，如李白、贾岛、元好问、徐霞客等人也都游览过恒山胜地，并留下吟咏恒山的诗章，由此可见恒山的历史十分悠久。

《恒山志》中开篇这样写道："五岳为万山之长，而北岳之功最巨；大同为神京门户，而北岳又大同之门户。"五岳是万山中最重要的，而北岳在五岳中的地位又最重要。大同是京师的门户，北岳又是大同的门户。显然，恒山在古代

恒山在古代有着重要的战略地位

悬空寺建造的历史及地理环境

013

的中国，地处华夷交会的地方，对于镇守边关，保卫京师有不可估量的作用。即使上溯到神话传说中，上古时黄帝与蚩尤的涿鹿之战，黄帝就是先占领恒山，把恒山作为屯兵的大本营，再向蚩尤展开全面反击，最终夺取了胜利。现在恒山主峰天峰岭的九天宫内还供奉着向黄帝授天书和教兵法的九天玄女神像。

2. 恒山的道

恒山自古就是道教的圣地，我国神话传说中的古代道教八仙之一的张果老就是在恒山隐居潜修最终成仙的。因此在山上也留下了不少张果老修行的痕迹——果老岭、果老峰、果老倦踪、果老拉车的车轮印……

张果老原名张果，"老"是因为他眉毛胡须都是白的而后加的。传说中的张果老经常倒骑着毛驴畅游天下。他的毛驴一不吃草料，二不饮水，一到夜里拍一下驴头，那白天还在呼哧呼哧喘气的驴就倒在地上变成一张纸驴。张果老像折纸一样折上几折往怀里一揣，就睡觉了。第二天起来，掏出纸驴轻轻吹口气，一头活生生的驴又呼哧呼哧地带着他走了。

唐玄宗曾经多次派人到恒山请他出世，最后费了很大劲才把张果老请到东都。张果老入

张果老图

宫见皇帝时，玄宗问他访道修仙的事，张果老不仅闭口不谈，而且很多天不吃饭只喝酒。当时玄宗有意将玉真公主下嫁给他，张果老坚决不同意，恳求玄宗让他回山，无可奈何的玄宗只好让他回去，回到恒山的张果老突然得了一场怪病死了。后来人们打开张果老的棺木时，发现里面什么都没有，才知道张果老早就走了。玄宗听了张果老"白日飞升"的故事，降旨建造栖霞观。

作为道教圣地，恒山还流传着很多神话故事，如舜、禹巡狩，后土梳妆，"飞石窟"舜帝受惊，"琴棋台"仙人对弈，姑嫂跳崖化飞鸟……关于姑嫂崖，在当地

作为道教圣地，恒山流传着许多神话传说

道教名山——恒山

流传得最为广泛。

　　整个恒山山脉就像一条自西南向东北铺展开来的玉带，是海河支流桑干河和滹沱河的分水岭，数百里内海拔两千米以上的山峰比肩而立，气势磅礴，远远望去，群峰奔突、山走泥丸。唐代的著名诗人贾岛也有诗写到："岩峦叠万重，鬼恒浩难测"，点出了恒山群峰奔突，气势磅礴的地貌特征。北宋画家郭熙在看到这样的景象之后感慨地说："泰山如座，华山如站，嵩山如卧，常山如行。"一句"常山如行"把北岳恒山群峰连绵、奔腾起伏、天然屏障的形态特征恰如其分地刻画了出来。

　　恒山自古以来就是中原汉民族与北方匈奴、

恒岳

恒山群峰连绵，气势磅礴

乌桓、鲜卑、柔然、突厥、契丹、女真、蒙古等少数民族争战拉锯之地，也是农耕文化与游牧文化十分明显的重要地理分界线。既存在所谓"华夷之限"的长期对立，也有着或隐或现的民族融合与文化渗透。

二 悬空寺的建筑特色

远离世间烦恼与浮躁的空中楼阁——悬空寺

（一）悬空寺的建造始末

悬空寺修建在北魏太和十五年（491年），至今已经有1400多年的历史。491年，北魏孝文帝拓跋宏下诏将道教的天师道场移到恒山，并按照北魏天师道长寇谦之（365—448年）去世前留下的遗训，要建一座空中寺院，以达到"上延霄客，下绝嚣浮"。换句话说，就是希望建一个可以远离世间烦恼与浮躁的空中楼阁，以期待更加接近天上的神仙。从天师道长寇谦之仙逝到修建悬空寺的43年间，他的弟子们按照师傅的遗训集思广益，精心选择设计方案，最终造成的寺庙不论宗教内容还是构思方面都显示了博采众长的智慧：把陶弘景（456—540）提出的三教合流思想，巧妙地体现在一所寺院中，并将三教殿建在寺院的最高处，使三位教主共同居住在一所大殿中。

"创意"的出处找到了，但是那些舍生忘死的艺人和匠人却姓名全无，可以想象，一千五百多年前，攀爬在绝壁悬崖上，忍着峡风寒流，一斧一锤劳作的艺人与匠人是何等的艰辛。也许，这些普通劳动者也是有着虔诚宗教情怀的信徒。他们根据道家"不闻鸡鸣犬吠之声"的要求,把寺庙建立在了峭壁之中,这里山势险峻,两边都是直立百余米、如同斧劈刀削一般的悬崖,悬空寺就建在这悬崖上。远远看去,就好像是一座浮雕挂在险峻的高山之上,给人一种可望而不可及的感觉。

关于悬空寺的建造还有一个传说:在中古的时候,恒山脚下有很多山庄村落,农人都趁着农闲时进山采药,来补贴家用。有一天,四个农人约好一同去深山里采药。其中一个叫大狗的人说:"翠屏山的绝壁上有一个大石耳,吃了以后可以解毒止血,看样子有一百斤重,我们去把它采下来怎么样?"

当他们来到翠屏山脚下,只见那个大石

翠屏山脚下

悬空寺的建筑特色

耳高高地长在峭壁上，在阳光的照射下，如同一朵紫金色的云彩，还随着风儿颤动。他们激动地攀上峰顶，钉好要用的"生死桩"，大狗自告奋勇，飞身溜下悬崖就向那罕见的大石耳冲去，当四十多米的绳索就要放完时，大狗已经靠近了大石耳。可是，大狗突然把绳索砍断，坠到万丈深谷里去了。其余三个人看到这种情形，都惊呆了，好长时间才回过神来。他们下到深谷，去寻找大狗肯定会摔得血肉模糊的尸体。奇怪的是，怎么找也找不到。正在奇怪的时候，只听前方的高岩上有人大喊："我在这儿呢！"三个人抬头一看，真的是大狗！

悬空寺始建于 1400 多年前的北魏王朝后期

悬空寺

他的神态安然地站在那里，衣服没有一点破烂的样子，大家又惊又喜，急忙跑过去问他是怎么回事。大狗说："我一摸到石耳，就发现绳索变成了一条可怕的大蟒蛇，我吓得把绳子砍断，人就跟着掉下去了。我当时吓得魂飞魄散，突然觉得好像被什么东西托起来，还听到一个声音说：'记住，不要去采那石耳！'就什么也不知道了。我刚才醒来的时候，才发现自己落到这里了，又看见你们就喊了起来。"大家惊讶极了，抬头瞧瞧那石耳，仍在山风中不断摇曳。

上不擎天、下不接地的悬空寺

大狗的奇遇一下子传遍了整个村子，许多人都想去摸一摸那神奇的大石耳，可是又害怕那艰险的悬崖。后来，不知道是哪一天，深山里来了一队工匠，他们用朝霞抹红梁柱，用草木染绿栏杆，用小花的色彩描绘出许多图案，人们就突然发现围绕着那个神奇的石耳，出现了一座上不擎天，下不接地的"悬空寺"。工匠们临走时还留下话说，有灾有病的人，如果诚心登上悬空寺虔诚拜佛，再摸摸石耳，灾祸和病痛就会消除。

传说为悬空寺添加了一丝神秘的色彩，但传说毕竟只是传说，究其建造的原因以及为什

悬空寺的建筑特色

023

半壁悬挂，蔚为壮观

么要建造一座这样奇特的寺庙，这就不得不从北魏的宗教观说起。

（二）悬空寺的建筑风格

蕴毕昂之精，霞蔚云蒸，万丈光芒连北极；

作华夷之限，龙盘虎踞，千秋保障镇边陲。

——悬空寺楹联

在远处看悬空寺，好像是镶嵌在万仞峭壁上的殿宇，很有凌空欲飞的势头，斗拱朱红，翠阁流丹，远远望去，有如一只锦绣的浮世绘，惊现在阳光下的山壁。经过一座精致的小石桥，来到悬空寺脚下，一个巨大的石壁上书有"壮观"二字，而且"壮"字的右边多了一个点，据说是唐开元二十三年李白游览悬空寺后，挥笔写下"壮观"二字，后觉得仅"壮观"二字也无法描述它的雄伟，所以又在"壮"字旁边加了一点，加以强调。快走几步来到山门前，山门依山朝南，由一大石块垒高，有一点象藏民的玛尼堆。山门很小，只在门前有块小碑，注明悬空寺。

据《恒山志》记载，悬空寺始建于北魏后期（约六世纪），距今已有一千四百多年的历史岁月的流逝，让这座寺院经历了衰败与复

游客将从这里开始一次绝妙的旅程

悬空寺的建筑特色

悬空寺圣殿之间的转接一步一景，玲珑剔透

兴，虽几经重修，但原来的结构并没有改变。那块记载清同治年间维修悬空寺的石碑，至今仍完好地保存在寺内，是最好的见证。

据说，在古时候这里是南去五台、北往大同的交通要道，悬空寺之所以要建在这里，首先，可以方便南来北往的信徒进香。其次，还有一个与之相关的传说：浑河河水从寺前山脚下流过，常常暴雨成灾。河水泛滥的时候，人们就以为是有"金龙"作怪，于是便想到要建"浮屠"来镇压它，于是就在这百丈悬崖上悬空修建了寺院。

当地流传着一首关于悬空寺的歌谣："悬空寺，半大高，三根马尾空中吊。"这段歌谣道出了悬空寺凌空的气势和既惊险又奇妙的建筑特色。悬空寺不仅仅只是悬在空中，而且各个圣殿之间的转接，也是一步一景，玲珑剔透。

寺里一共有殿宇楼阁四十间，一共分三部分。第一部分是一个标准的寺院布局，第一层是禅堂；第二层是大雄宝殿的两个配殿，为比肩式楼阁，这一部分是唯一脚踏实地的。第二部分为南楼，主要殿堂有纯阳宫、三官殿和雷音殿。第三部分为北楼，三层分别是四佛殿、三圣殿和三教殿。南北楼阁由栈道相连，凌空飞架的栈道使悬空寺整个建筑大有凌空欲飞之势，俨然一组空中楼阁雕于悬崖峭壁之上，其当初选址定位之奇特、设计理念之新奇、布局结构之新颖，堪称古代建筑艺术史上的一朵奇葩。

寺里的各种铜铸、铁铸、泥塑、石雕塑像一共有八十多尊，栈道石窟中的北魏石刻佛像，端庄大度，脸型、相貌明显带有少数民族的特点，可以和云冈石窟、龙门石窟的佛像媲美。而大雄宝殿里的三尊脱纱佛像更是堪称悬空寺的镇寺之宝，这种采用特殊工艺制作的佛像既轻巧又坚固，每尊只有一公斤左右的重量。

在悬空寺的栈道石壁上，刻有"公输天巧"

寺里共有殿宇楼阁40间

悬空寺的建筑特色

四个大字，赞赏悬空寺的建造技艺。鲁班，姓公输，名般，春秋战国时代人，被认为是建筑工匠的祖师爷。这四个字是说，这座建筑物简直是鲁班那样巧夺天工的匠师所建造的。清人邓克劭在游过悬空寺后写下：石屏千仞立，古寺半空悬。净土绝尘境，岑楼缀远天。一湾岩畔月，半壁画中禅。俯视行人小，飘然意欲仙。英国的一位建筑学家写道："中国的悬空寺把力学、美学和宗教融合为一体，做到尽善尽美，这样奇特的艺术，在世界上是罕见的，通过这次参观游览，才真正看到这个古老民族的灿烂文化艺术和文明历史。悬空寺不仅是中国人民的骄傲，也是

石屏千仞立，古寺半空悬

悬空寺

世界人民的骄傲。"

(三)山西寺庙布局的时代性

山西寺庙院落的空间布局有很突出的时代特点，因为山西古代建筑的功能和材料一般不会有很大的变化，所以不同时代寺庙建筑的空间布局主要在于审美倾向的差异。另外，由于古代社会各民族、地区间有很强的封闭性，一旦受到外来文化的冲击，或各地区民族间的文化发生了交融，也会促使艺术风格发生变化。可以把山西寺庙建筑的空间形态分成几种颇具时代特点的典型风格：

两汉风格

东汉时期已经初步形成了佛寺建筑某些重要的空间特征。如规则的方形庭院空间布

山西寺庙小巧玲珑

悬空寺的建筑特色

山西寺庙建造多采用木梁架的结构布局

局，纵轴对称的布局，木梁架的结构体系。两汉风格主要是白马寺等一些初期的官式寺庙建筑和以塔、窟为中心的印度建筑模式为代表。两汉的建筑空间的风格为日后山西佛寺建筑发展奠定了理性基础，布局要铺陈舒展，构图要整齐规则，同时也要表现出质朴、刚健、清晰、浓重的空间布局风格。

隋唐风格

魏晋南北朝是山西寺庙建筑院落空间形态发生重大转变的时期。中原士族的南下，北方少数民族进入中原，民族大融合的同时也影响了北方和西北的建筑风格。佛教在南

寺庙屋檐上的雕刻

小中见大，不觉为弹丸之地

悬空寺的建筑特色

恒山下殿宇一景

凭栏远眺，几多感慨

悬空寺

古木峭岩掩映下的寺庙

北朝时期得到空前发展，随着佛教文化的传入，几乎对所有传统的世俗文化、本土文化均产生了重大影响，使得佛教向着实用化、平民化的方向发展。隋唐时期更促进了多民族间的文化艺术交流。秦汉以来传统的理性精神中融入了佛教和西域的异国文化，以及南北朝以来的统治阶层道教的浪漫情调和平民阶层的现实意识，终于形成了理性与浪漫相交织的盛唐风格。其特点是佛教空间的布置大气凛然，气派宏伟、方整规则，装饰华丽佛塔、石窟寺的规模、形式、色调异常丰富，表现出中外文化密切交汇的独特风情。五代至两宋，山西地区封建社会的城市商品经济有了巨大发展，城市生活内容和人的审美倾向也产生了显著的变化，随之也改变了艺术的风格。辽金元时期，山西地区各民族、各区域之间的文化艺术再一次得到交流融会，元代对西藏、蒙古地区的开发，以及对阿拉伯文化的吸收，又给传统文化增添了新鲜血液。

明清风格

明代继元之后又一次统一了全国，后来的清代形成了统一的多民族国家。山西的佛寺建筑终于在清朝鼎盛时期形成最后一种成熟的风格。其特点是，院落空间布局仍然规格方整，重要的殿堂建筑完全定型化、规格化。民间对佛寺建筑和少数民族对佛寺建筑的质量和艺术水平普遍提高，形成了各地区、各民族的多种风格。由于私家和皇家园林的大量出现，使得造园艺术空前繁荣，造园手法最后成熟也促使山西佛寺向繁复化，奢华化发展。

寺庙一景

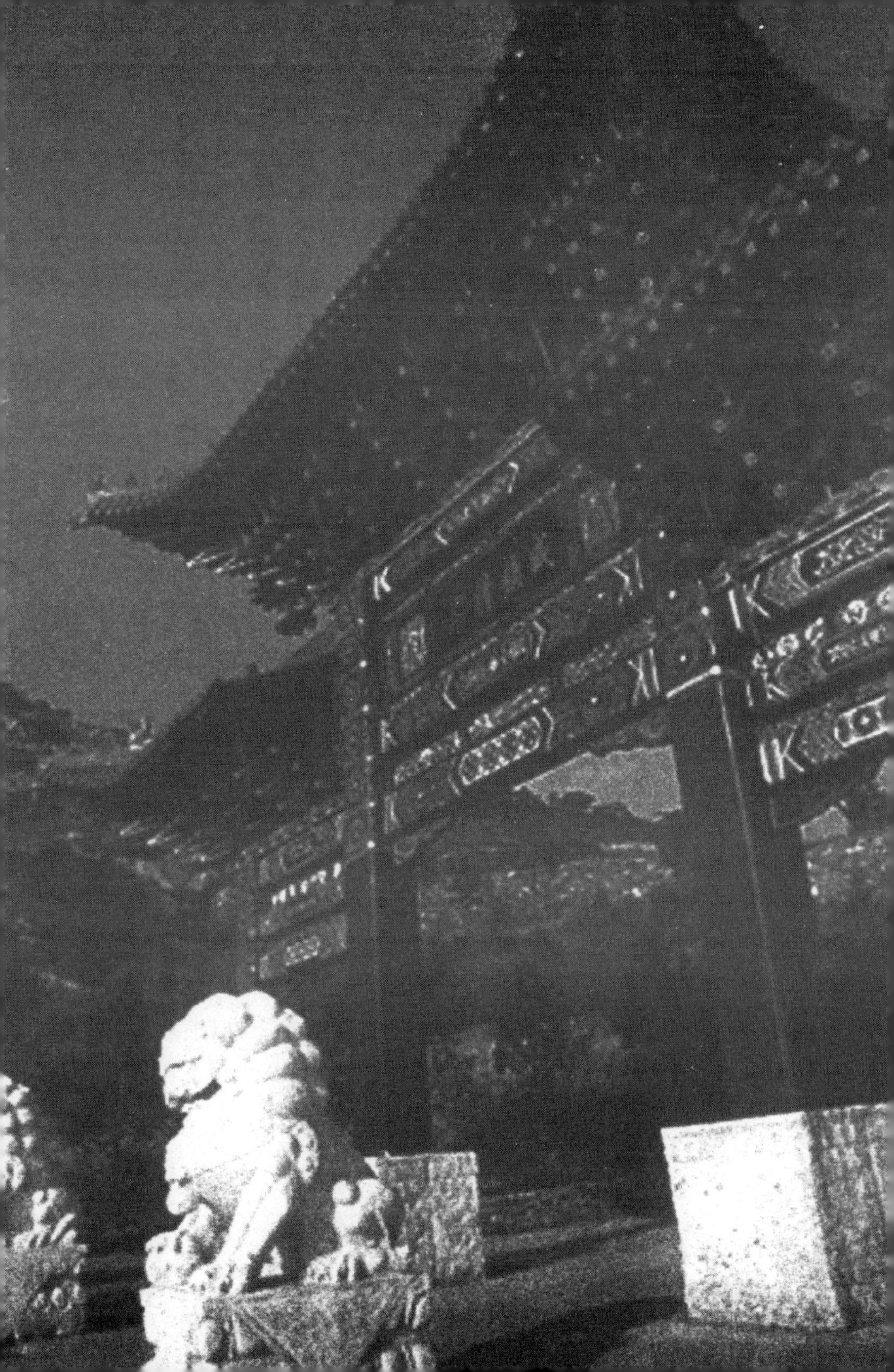

道观

两汉、隋唐、明清三个时期相距时间基本相等，它们是山西地区地域统一、民族融合的三个时代，可以正面地、综合地反映当时佛寺建筑院落空间的形态形成过程。但是悬空寺在山西的独特地位使它并没有囿于普遍性的建筑风格中，而是形成了难能可贵的因地制宜。

三 悬空寺的与众不同

北岳恒山脚下的悬空寺屹立悬崖峭壁上已近1500年，它没有洛阳白马寺的历史久远、没有嵩山少林寺的武功、没有西藏塔尔寺的金顶，但悬空寺有很多其他的特点：首先它构思创新，不求大、但求独一无二；其次选址创新，敢在悬崖建庙宇，可避风雨、洪水、日晒，不畏自然破坏；再者设计创新，安全系数大，部分立柱人少时不起支排作用而人多时帮助支撑，等于有双保险；还有供奉创新，讲求人和，同时供奉儒、道、佛，不畏人为破坏；设计者敢想，选址在悬崖上；敢干，精心设

悬崖之上的悬空寺

凌空而构的悬空寺

计，精心选材，选择坚固的浸桐油铁杉木作为建筑材料。

（一）悬空寺的悬

"谁结丹梯高万丈，我闻佛法演三乘。凭虚顿悟心无往，好步禅关最上层。"也许由于生存的局限或者生活的无奈，阻止了古人对这个世界的直观认识，他们试图通过意想的高层境界，来了断自己心中的所有烦恼，于是，前仆后继地探索和追求着大同世界的乌托邦梦想。造神运动恣意地把玩着古代建筑语言和雕塑语言，将人类认识世界的过程渲染得淋漓尽致，不能不让人惊叹叫绝。

而悬空寺的"悬"，则在欲接近天空脱离

悬空寺的最高处殿宇离地58米

尘世上,有着独具匠心的体现。有人曾经这样来评价悬空寺:"它既不宏大,也不华丽,却超越了地球的引力,悬在空中。"在刀劈斧砍的峭壁上凌空而构的悬空寺,最高处的三教殿离地面58米,据大同雕塑大师李志正说,从前悬空寺还要更"悬空",可惜前些年人们在紧靠寺庙上方的峡谷上修水库,大量碎石泥渣倾泻下来,抬高了河床,使得悬空寺"变矮"了。尽管如此,"变矮"了的悬空寺仍然让人惊叹:当初是谁想出了这个怪招?又是哪些艺人匠人不顾身家性命来完成这项工作的呢?

把观赏悬空寺称为"心跳之旅",似乎

站在楼上向下看，峭壁如刀刎一样立在身下

悬空寺的与众不同

整个建筑看似只由下面几根细细的木柱支撑

并不为过。这组古老的建筑只用了十几根碗口粗的木柱支撑着，不仅如此，连接两楼的栈道也是完全悬空的，支撑的几根木柱也不完全受力，有的我们用手就可以晃动。悬空寺自建成以来，不知有多少人登临过，它却仅仅靠这几根木柱的支撑完整地保存至今。走在上面还是心有余悸，担心纯木质结构的悬空寺，无法承受日渐增多的游人。心怦怦地跳,"上载危崖,下临深谷",其中的惊、险不言而喻,如履薄冰、小心翼翼地往前走,让游客捏把冷汗。

再加上悬空寺下面支上的木柱,更加给人以错觉,以为整个建筑就只是这么几根细细的木头支撑着,加重了"悬"的气氛,寺悬心更悬。

站在楼上往下看,峭壁就像刀削的立在身下,向上看则是危峰耸入云霄,人也像这寺的名字一样悬在半空中。清人吴礼嘉的《题悬空寺》中这样称到:"飞阁丹崖上,白云几度封?梦悬千涧月,风落半空钟。树杪流清梵,檐前宿老龙。慧光千万丈,日夕满恒宗。"后来介绍悬空寺的人则把这首诗和清人王湛初的《游悬空寺》"谁凿高山石,凌虚构梵宫。蜃楼疑海上,鸟道没云中。莫讶星枢近,应知帝座通。恒河沙作观,大地总成空"和在一起来形容悬空寺的"悬",即"飞阁丹岩上,白云几度封,蜃楼疑海上,鸟道没云中"。显然在两首诗中各挑一句写的最妙的,来形容悬空寺,便把它的悬展现到了极致。

其实有的木柱根本不受力

（二）悬空寺的巧

悬空寺的"巧"，可以说是巧夺天工，"公输（鲁班）天巧"。在悬崖峭壁极其有限的空间里，要建造一座蔚为壮观的寺院实属不易，我们不得不惊叹古人在设计上的奇思妙想。悬空寺整个建筑小巧玲珑，一共占地仅仅有152.5平方米，却建有大小殿阁40多间，大的殿阁不出40平方米，小的则还不足5平方米，都是用木头建造的。悬空寺因岩结构，扬长避短，平面面积不够，就设法把寺院立起来，充分利用了建筑物的立体空间。高低上的连接问题，就利用天窗、石窟、栈道。40多间殿堂就在对称中有变化，变化中有联络的情况下巧妙地连为一体。

依山而建，层叠错落

悬空寺

仰视镶嵌在万仞峭壁间的殿宇

　　整个建筑群体沿山峰的走向由南向北逐步升高，暗含着道家修炼、得道、成仙的神化过程。寺庙布局既不同于平川寺院的中轴突出、左右对称，也不同于山地宫观依山势逐步升高的格局，而是充分利用峭壁的自然状态，巧妙和谐地将一般寺庙的平面建筑建造在立体的空间中，山门、钟鼓楼、大殿、配殿没有一个缺少的。殿楼分布对称中有变化、分散中有联络，层次多变而不单调，走在小小的内室中，不仅不觉得拥堵，反而觉得有种浑然天成的感觉，令人不得不叹服于古代匠师的鬼斧神工。

　　楼阁里的设计也极其巧妙，不仅有悬梯、天窗、屋脊、栈道的巧妙搭配，而且路线的设计也独具匠心，游览整个寺庙，绝对没有出现重复的路线。在小小见方中达到这样的浑然天成，不知那时的设计者究竟是怎样把自己的智慧最大地展现出来。

　　整个建筑的布局也是在随山势的情况下互相映衬，中国的建筑讲求写意对称，但是在这样一座依山而建的建筑中，对称的美和变化的美交相呼应。既不觉得它是中国传统建筑中异类，又不觉得它设计呆板缺乏变化。远远望去，小巧玲珑的建筑

远远望去，悬空寺如挂在岩壁上的一件小巧玲珑的艺术品

悬空寺

好像一件精心雕刻出来的艺术品紧紧镶嵌在万仞峭壁间，天衣无缝。

悬空寺的主建筑主要有三部分，寺的南北各有一座三层的建筑，琉璃瓦片下的"危楼"都是悬在崖壁上，六座殿阁在栈道的连接下参差有序，高低错落。全寺建筑先为三宫殿，再为三圣殿，最后为三教殿。这些建筑中由曲曲折折的栈道回廊相互连接，走在上面颤颤巍巍的感觉难免让人害怕，但是内心还会涌现出一股如同行走在迷宫之间的好奇心境。这些殿宇小巧玲珑，里面却大有乾坤，可以说是"麻雀虽小，五脏俱全"。由于这些殿堂都比较小，所以殿内的塑像也有

这些建筑由曲曲折折的栈道回廊连接

悬空寺的与众不同

走屋脊，步曲廊，忽上忽下，左右回旋

些缩小版的感觉，但小巧玲珑之态一点都不输给大塑像，甚至可以说是精巧中透着心细，如同米上雕刻一般，虽小却依旧表情丰富，姿态奇特。悬空寺的最高处三教殿里还有一个更奇巧的便是，释迦牟尼、老子、孔子的塑像共居一室。佛教、道教、儒教始祖能在一个殿堂里供奉，这不能不说是一种独特的设计。

（三）悬空寺的奇

清人蒋觐的《题悬空寺》中曾经提到：

结构何玲珑，层层十二空。

檐前千嶂合，涑外八荒穷。

法镜悬秋月，昙花映晓虹。

凌虚不如着，俗障共君融。

显然，悬空寺的奇巧之处就在于它的因地制宜，布局合理。悬空寺打破传统的以中轴线为中心对称的寺庙建筑布局，而是顺沿着山势布局寺庙，以西为正，大门南开，整个建筑呈台阶式分布，寺院由寺院、南楼、北楼三部分由南向北延伸而成。每部分都有一座三层式的楼阁，分组成南北二楼上下对峙，楼阁之间有起伏窄曲的栈道相通。栈梯十分紧凑，只有半米宽的

悬空寺

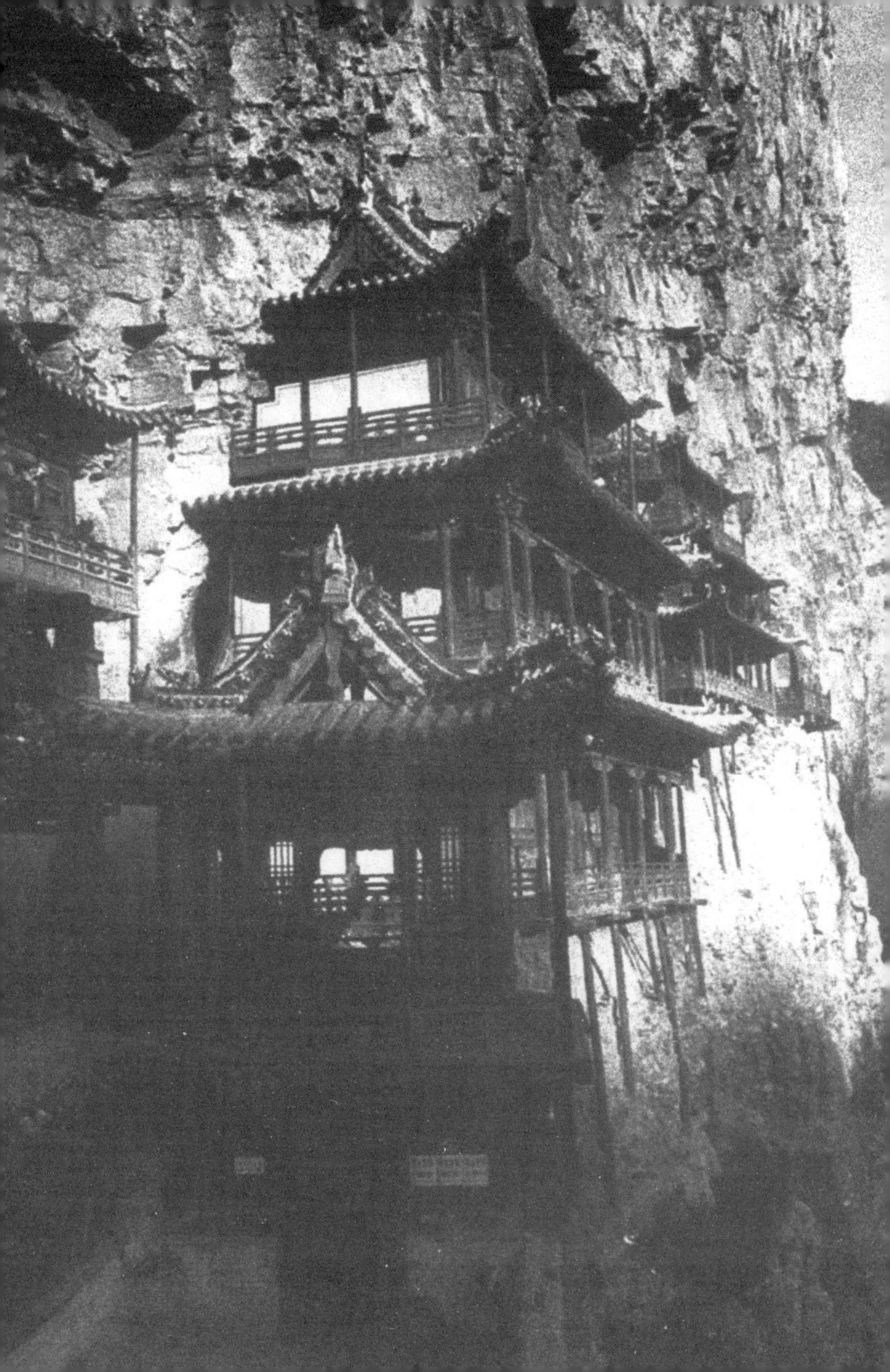

半壁楼殿半壁窟，窟连殿，殿连楼

走廊里，只能容纳一个人通过，想拉着个人一起壮壮胆，都不可以，只能一个人独闯"险境"。人被山风一吹就更加摇摇晃晃了，身边是高不过腰的、细细的木栏杆，既没有同伴相扶，也没有凭栏可依靠，怎一个"危"字了得？踏上连接殿宇之间的栈道，就会不知不觉地抬起脚，屏住呼吸，想减轻自己的体重，小心翼翼地踩在木板上，生怕寺塌下来，成了那"空中飞人"。峡谷的风呼呼吹来，偷偷看看寺下的河谷，心惊胆寒这个词的意思顿时体味得异常深刻。而当伫立在楼阁里，看到飞檐翘角与苍天群峰构成的画面，又感到一种透彻心灵的壮美，刚才的心惊肉跳早就抛在脑后，只是觉得辛苦地来到这里，也值得。

走在悬空寺狭窄的曲廊上，犹如腾云一般

恒山悬空寺是一个"三教合一"的寺庙。悬空寺面积虽然不大，但却是佛堂、道殿双全，既有佛教的三佛殿、释迦殿、地藏殿、观音殿、伽蓝殿又有道教的太乙殿、三宫殿、纯阳殿和佛道共容的关帝殿甚至还塑有孔子、释迦牟尼、老子三像于一殿的三教殿。儒释道应有尽有，让三教的开山鼻祖释迦牟尼、老子、孔子同居一室，充分体现了"三教合一"的思想，形成了一处信仰自由、和平相处、共同发展的人间天堂。

这座寺院的全部建筑都是悬挂在峡谷的石崖当中。翠屏峰的突兀直起，但石壁中间

悬空寺的与众不同

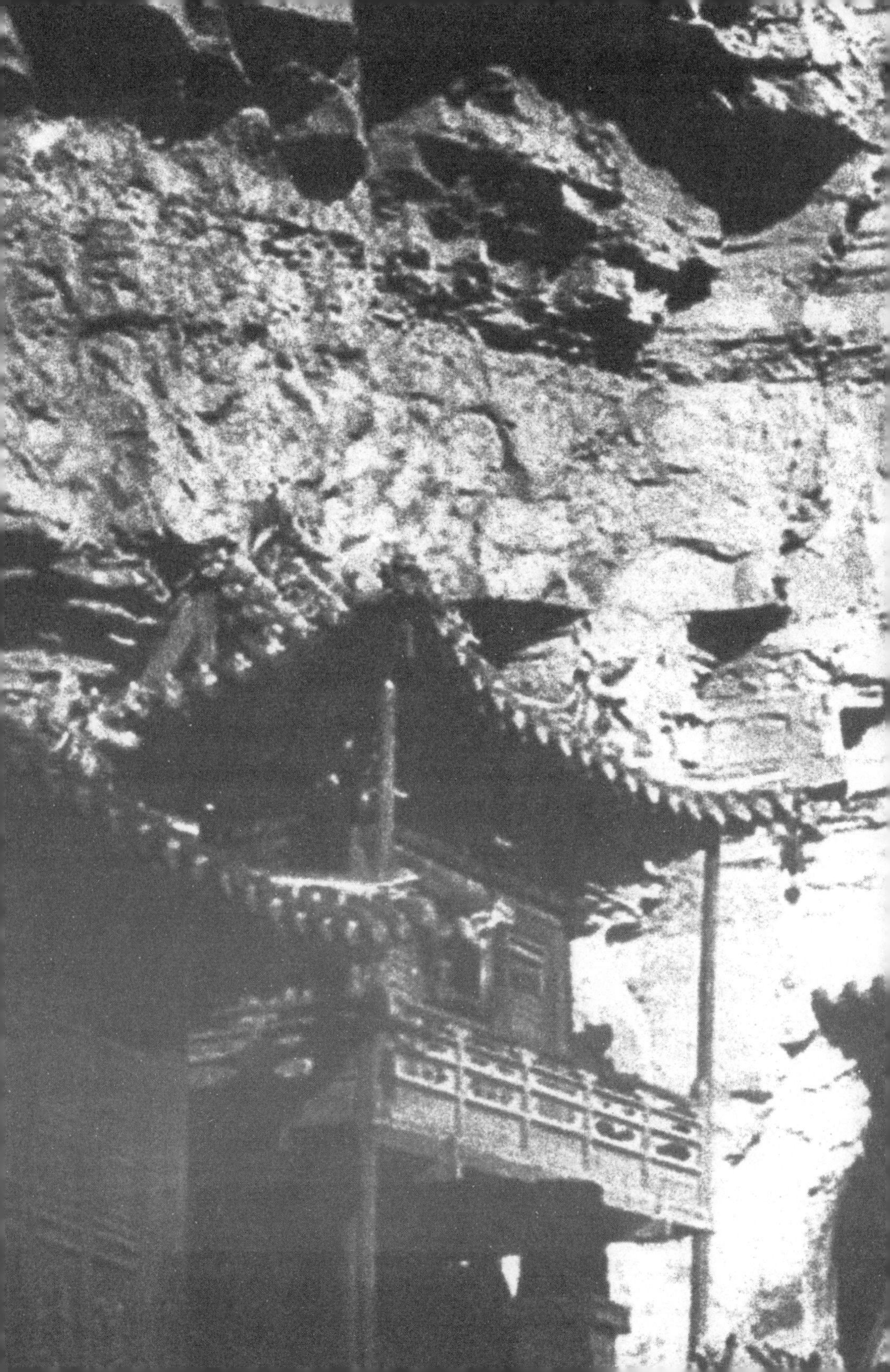

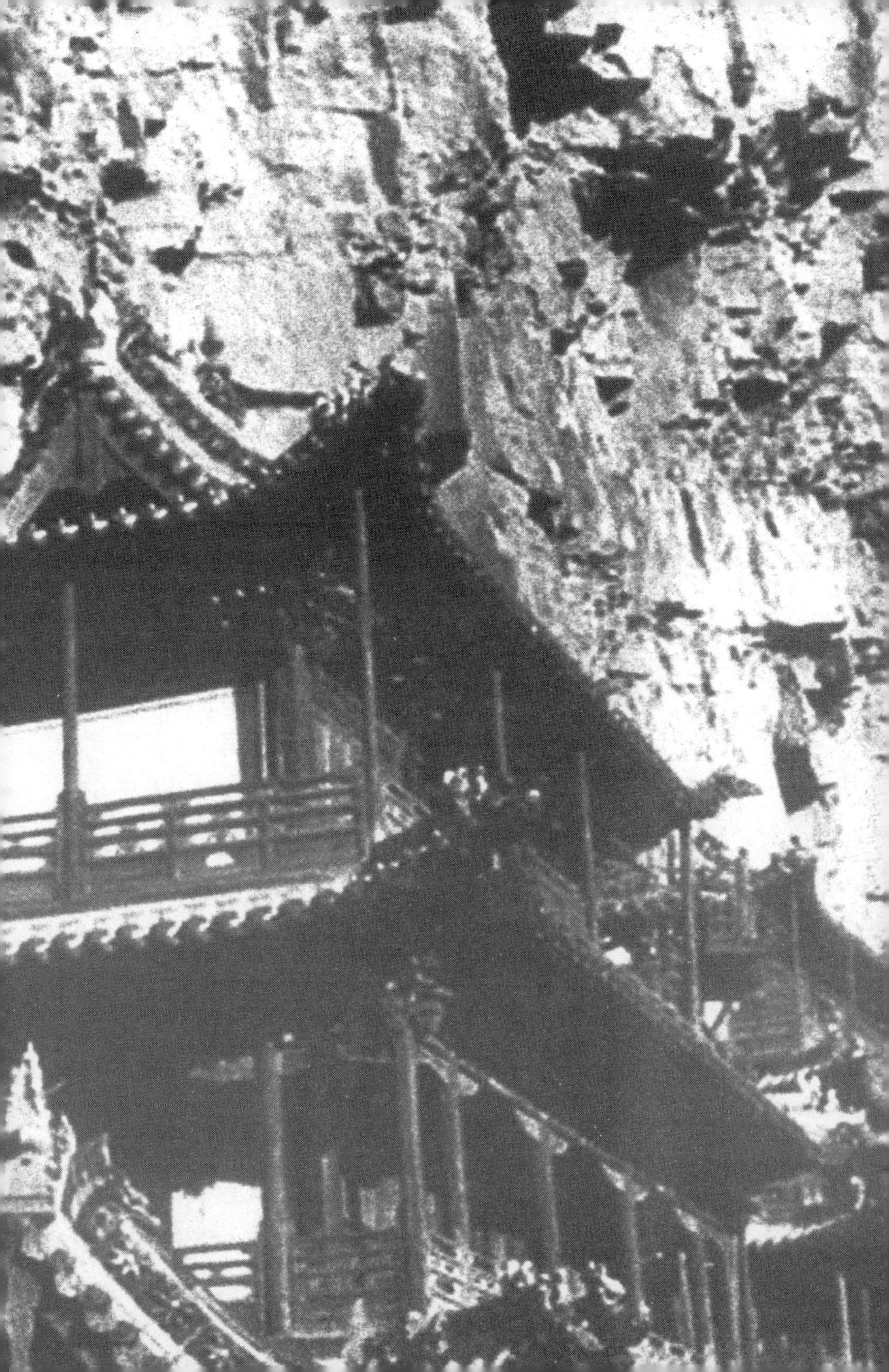

三官殿

略呈弧形,悬空寺则恰好定位在弧形的凹底,石崖顶峰突出部分形成天然屋檐,把整个寺院罩在里面,周围高山保护它,使它免受狂风侵蚀,少受烈日暴晒。据当地人讲:盛夏的时候,悬空寺一天只能见4小时的阳光,而严冬便见不到阳光了。石崖上方突出部分成为天然顶棚,夏季暴雨降临时,雨水从寺顶突出的岩头上飞流直下,泻入谷底,便给这琼楼仙阁挂上了一排排晶莹的水帘,使悬空寺可以躲过雨水冲刷。隔着雨帘迢望天峰岭,云遮雾障,山色有无,妙不可言。因为建筑全悬在半空,峡谷中汹涌的洪水也对它毫无损害。这座建筑史上的奇观能这般长寿,很大程度上仰赖建筑大师们对建寺自然环境的掌握以及对未来的预计。

四 悬空寺的宗教特色

悬空寺，半天高，三根马尾空中吊

悬空寺又叫"悬空阁"，是取道家的"玄"、佛家的"空"字而得名，后来改称为玄空寺，又因为"悬"和"玄"谐音，寺院又是悬挂在半崖之上，所以习惯地把它称作悬空寺。它是我国现存唯一的佛、道、儒三教合一的独特寺庙。悬空寺的独特之处有两点，一是表现在它的建筑技巧方面，另一点则是它的兼容并蓄性。为什么在北魏会出现这样一座寺庙，这就不得不从北魏的宗教观说起。

（一）北魏的宗教观

北魏是拓跋鲜卑建立的一个少数民族政权。在建国前，拓跋氏过的是"捕六畜，善驰走，逐水草"的游牧生活，文化极其落后。北魏政权建立以后，为了巩固统治，当政者对政府地区的儒、释、道采取了接纳的态度。

然而，这样一个少数民族政权，虽然在立国之初就提出了"以经术为先"的治

巍峨雄伟的恒山

悬空寺的宗教特色

国思想，但在实际的统治过程中，并没有很好地得到贯彻，即使在最重视学习汉族文化的孝文帝统治时期，"北人"大都仍然坚持不用"知书"的旧俗，也就是说他们仍旧以原来的方式生活，儒家文化并没有获得拓跋氏广泛的认可和接受。

佛教和道教的发展，则比儒学的发展更加波澜起伏。北魏太武帝（408—452年）之前，由于处在北魏政权的初创阶段，对佛教的方式还算是顺其自然。太武帝统治时期，听信宰相崔浩的谗言，改信寇谦之的天师道，排斥佛教，使道教获得了空前的发展，以至"北魏政权几乎成为政教合一的道教王国"。这种重道抑佛的现象，

北魏时期佛教石窟造像

悬空寺

打破了北魏初期的平衡发展格局。太武帝不仅虔信道教，还专门派人奉玉帛牲畜去祭嵩山，又在平城东南建立天师道场，自称为太平真君，兴建静轮天宫，奉祀太平真君，改年号为太平真君，成了十足的道教徒。这样的情况最终导致佛教徒心里十分不安，开始私藏兵器。

太武帝对待这种情况，不是冷静理智地对待，而是采取极端的做法。自太平真君五年(444年)起，开始废佛行动。他下令不论是王公贵族还是平民百姓，一律禁止私养沙门，并限期交出私藏的沙门，如果有所隐瞒，就有灭族的灾难。第二年，卢水的胡人盖吴在杏城(陕西黄陵)起义，太武帝亲自率兵

道观

镇压。到达长安时，太武帝在一所寺院发现兵器，怀疑是沙门和盖吴合伙作乱，大为震怒，下令诛杀全寺僧众。崔浩趁机劝帝灭佛，于是太武帝进一步推行苛虐的灭佛运动，社会因此动荡不安。

太武帝之后，在当政者的"矫枉"下，道教的发展势头被遏制，而佛教却以极快的速度迅速膨胀。这种膨胀带来的直接后果是僧人不在寺庙念经，到处云游结交村舍的地痞流氓，"致使王法废而不行"的现象时有发生，极大地干扰了当时的统治秩序。

这种状况的改变是从魏孝文帝开始的。

大大的飞檐昂首向天

悬空寺

悬空寺近观

孝文帝当政后，坚持把儒学放在三教的首位，大力发展儒学，设立很多学堂，以供学习儒家经典，并采取爵禄奖赏等办法，推动民众学习。史书就有"刘芳、李彪诸人以经书进，崔光、邢峦之徒以文史达"的记载。不光如此，他还亲自给臣僚阐讲儒家思想。

悬空寺的宗教特色

北魏佛教造像

佛教，在孝文帝当政时，不仅势力极度膨胀，还因其极度抽象玄妙的理论获得了深厚的群众基础。面对这种情况，孝文帝一方面继续支持它的发展；另一方面，又对佛教加以控制，使其发展不致危害政权的统治。道教到孝文帝时，势力已大不如太武帝时，但是它"始终站在儒学与王权一边"，其"维护名教"的立场对维护统治者的统治有很大的好处。因此，孝文帝当政之后，继续给予一定的人力财力资助，保持适度的发展规模，以此维持它的存在。通过孝文帝的努力，北魏后期，儒释道三教之间的关系得到调和，并形成了先儒后佛，辅以道教的发展格局。

北魏坐佛

云冈石窟是北魏佛教艺术的集大成者

悬空寺的宗教特色

悬空寺最高处是主殿三教殿

（二）儒释道并存的悬空寺

悬空寺所在的三晋地区自古就是兵家必争之地，与此同时，也是华夷文化融合的前线。在这样一个地方建造的悬空寺，自然是把兼容并蓄发挥到极致。悬空寺的最高处，也就是主殿——三教殿，是最能体现儒、释、道三教合一这一特点的地方。殿内正中端坐着佛教的创始人释迦牟尼，慈和安详；左边是儒家始祖孔子，微笑谦恭；右边是道教宗主老子，清高豁达。

释迦牟尼对自己居中似乎认为理所应当，看上去泰然自若，悠然自得。的确，佛陀一生历劫成道，悟出高深的思想智慧，成为三界的导师，实是功德巍巍；而我们的孔老夫子却一脸的不满意；与孔子同样屈居次位的老子却神态安洋，笑意盎然，一副与世无争的道家本色，认为世事难测，还是顺其自然吧。

三教殿内的儒、佛、道是在友好的气氛中和平共处，这不仅体现了儒家的"和为贵""仁者爱人""智者见智"以及道家的"无量度人""礼度为先"还体现了佛教的"普度众生""大慈大悲"的思想。

三教思想的融合和升华，为指点人世化解矛盾纷争做出了榜样。这样一座世所罕见的佛、道、儒三教始祖同居一室的情

悬空寺三教合一

悬空寺的宗教特色

悬空寺游人络绎不绝

台阶依山势而建

况，正是古人的聪明之处。历代的统治者所信仰的不外乎这三种，因此，不论怎样改朝换代，悬空寺都能迎合统治者的需要，它所受到的庇护是其他寺庙所无法比拟的。即使地处兵家必争之地的恒山，悬空寺不但没有遭到破坏，而且历代都加以维修、完善，足以说明天下渴望和平的无穷力量。

关于悬空寺三教合一，还有一个这样的传说：鲁班（公元前507—前444年）和他的妹妹游历到了悬空寺下面的峡谷，

悬空寺

悬空寺与对面悬崖险峰遥相辉映

当时这个河谷上什么都没有，发了洪水以后，很多人来不及逃跑都淹死了。鲁班看了这样的情景就对他的妹妹说，咱们为浑源做点好事吧！为恒山做点好事吧！

于是，两个人计划修两座桥，比赛看谁造得又好又快。鲁班的妹妹在山崖下面修好了一座栈道，自信满满地准备跟哥哥炫耀，可是抬头一看鲁班修的亭台楼阁比她的漂亮好多，她就急了，担心比不过哥哥。于是她就假装鸡叫，鸡一叫，说明天亮了，他就不能再修了。鲁班听到鸡叫声，也着急了，自己修的楼阁只完成了一大半，他呆呆地盯着自己的作品看，我修的这算个什么呢？桥？可是没通过去，最后他决定，干脆把它变为一座庙吧！就算是庙，可是庙里的神像从哪来呢？于是鲁班就趁着黎明前最黑的时候，把浑源县其他地方庙里的泥像统统搬到他修的庙里来了，因为天黑，也看不清自己搬的是什么，所以，铁的，铜的，泥的……抓壮丁一样全部都给抓来了，最后把孔夫子也抓进来了。结果天亮一看，自己把这个庙变成了三教共

鲁班庙内鲁班像

悬空寺

北魏时期的佛像

享的圣殿。他妹妹说，你看看你修的是什么啊？鲁班说，就叫悬空寺吧！

　　传说毕竟是虚构的，公元前的鲁班怎么会为北魏修筑悬空寺？但这样的传说，却也为悬空寺平添了几许神秘。其实这种"三教合一"的宗教思想还是源于特定的历史时期。魏晋南北朝时期，普遍流行着谈黄老、谈庄子、谈周易的"三玄"之风；而在民间，流行着道教与佛教。从汉朝末年开始，中国经历了将近四百年的社会大

登临悬空寺，要攀悬梯，跨飞栈，穿石窟，钻天窗

动乱。关于中国人的信仰，历来有"盛世信皇帝，乱世信神仙"的说法。北魏至辽金年间，北方地区各民族不断融合，宗教信仰也相互渗透，从而出现了"三教合一"的宗教思想。

（三）儒、释、道的融合

在三晋人士中，最早主张三教兼容的应是东晋的高僧慧远。慧远视佛教为内道，儒教为外道，"内外之道，可合而明矣"。也就是说，把儒学和道学掺入佛学，更能弘扬佛法。三教兼容在山西寺庙中的反映

近看悬空寺，大有凌空欲飞之势

最明显。恒山悬空寺的三教殿中，供奉老子、释迦牟尼、孔子的塑像。高平县上董峰村圣姑庙中的三教殿，亦有三教创始人之塑像。娄烦县三教寺，不仅大雄宝殿内供奉三教创始人，寺内还有道家的文昌庙、儒家的孔庙。稷山县青龙寺壁画，更是三教人物济济一堂，属佛教者有释迦牟尼、菩萨、金刚、罗汉、供养人；属道教者有南斗六星、五帝神、元君圣母、四海龙王等；属儒教者为往古捐躯将士、贤哲循臣、孝子贤孙等等。看来三晋人士不赞成三教之间的互相攻讦，力求从三教圆融中汲取精神力量。而在山西众多三教兼容的寺庙中，

悬空寺的宗教特色

云冈石窟佛像

最具代表性的应属悬空寺。

遥想三晋在漫长的古代文明中，可以说，每一个年代在山西的传承，都弥漫着香火气息。佛门的香火，道教的顶礼，再加上儒学的大背景，成了这片土地上特有的文化积淀。三晋文化中，儒家思想文化的主导地位自不待言。然而在儒家文化为主导的三晋文化下，并不是罢黜百家。相反，佛教蕴藏的智慧，对世间人生的洞察和对人类生存的反省；道家崇尚的自然、超脱，主张少私寡欲、清净无为的思想，在三晋的思想文化领域，也都有着深刻而广泛的影响。这样的兼容并蓄，便形成了三晋地区儒释道三教并存的恢弘气势。

魏晋时期，由于特殊的时代背景，出现儒、佛、道三教的第一次融合。隋唐时期儒、佛、道进行了第二次融合。明清时期，三教出现了第三次融合。三教之所以能够不断地、多次地融合，是因为他们有一个相通之处，都要求人们向善，要求人与人和睦相处，将人引向正途，所不同的只是表达方式和实践方式而已。

而从古代民间的角度来讲，各种宗教

悬空寺

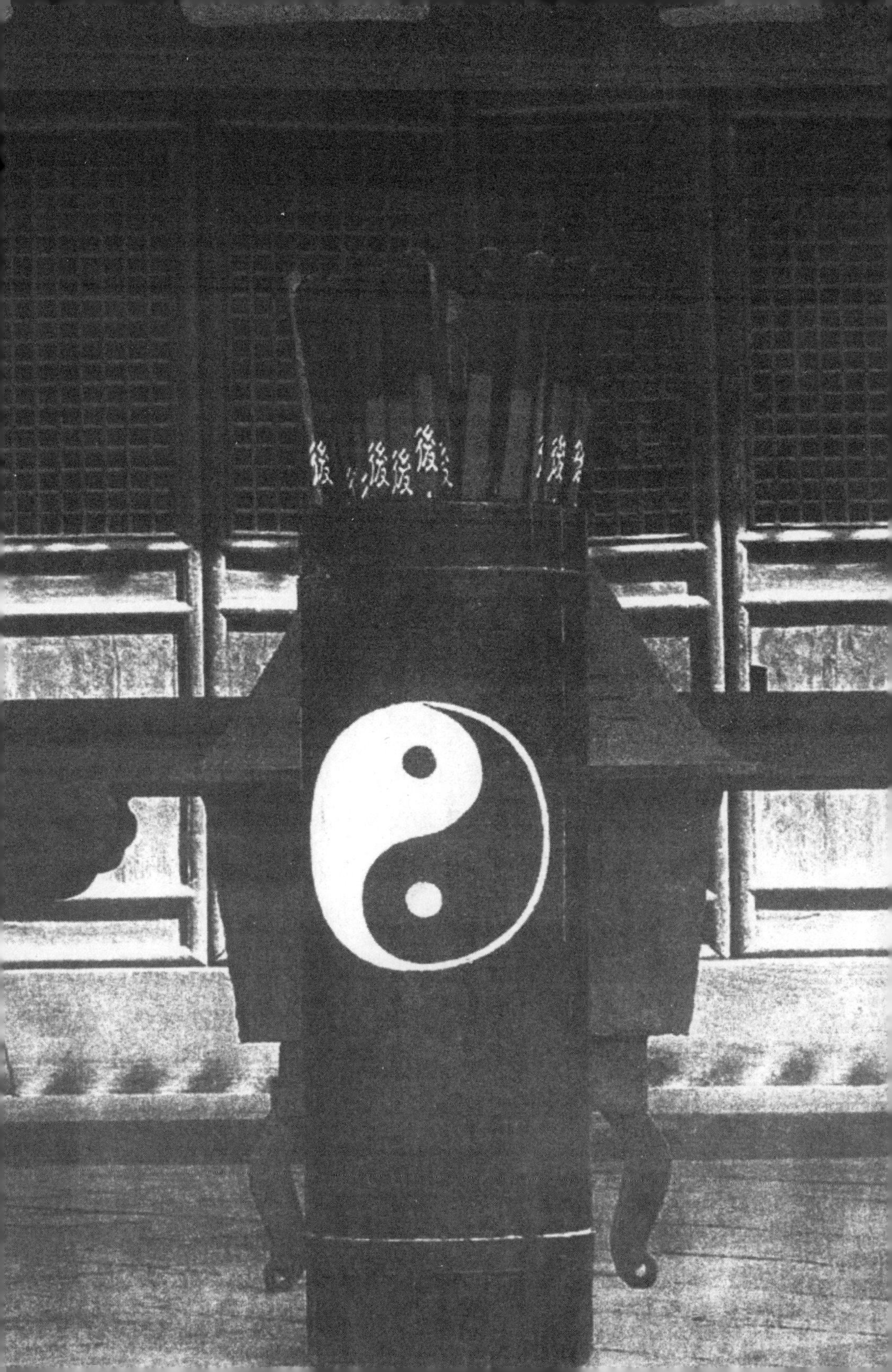

寺下岩石上"壮观"二字是唐代诗仙李白的墨宝

都与人们的生活密切相关，都在民间产生，为民众服务，从这一点来说，三教不仅同源而且同道，其本质是相同的。按照中国传统神灵信仰规则，每个神灵都有一定的职责，负责一方面的事务，但是在三教堂神灵中，却没有一个相对固定的祈祷内容。从民间社会来说，这个特点符合中国民间信仰的规则，即信仰的混沌性与功利性，他们信仰只是为了祈福，至于是由哪个神灵带来的并不重要。他们心中一个共同的想法便是：供奉越多，能够赐福的概率就越大，至于是佛是道并不重要。因此，三教信仰得到了民众的认可，在民间广为修建三教堂。

因此，悬空寺的儒释道三教合一的特色，不仅有着很深的历史渊源，同时还有着很有力的民间支持。

五 悬空寺的谜与传说

登临悬空寺如置身于九天宫阙

（一）悬空寺的迷

游览过悬空寺的人都说，当人站在60米高的悬崖上往下看时，就好像是站在一个20层楼的楼顶往下看，周围不是砌成水泥的围墙栏杆，脚下也不是钢筋混凝土做的地板，取而代之的是走在上面会乱响的木头。透过木头之间的缝隙，可以窥见脚底下的万丈深渊，任何人到了那恐怕脚底下都会发软的，连想一想可能都心有余悸。如果想感受"如临深渊，如履薄冰"的感觉，最好的体验处，我想就是悬空寺了。

恒山地区流传着这样的民谣：悬空寺，

半天高，三根马尾空中吊。"马尾"就是指这些上接楼阁栈道、下至岩石的红色立木。这些立木总共有30根，被分成三组，每根长度大约十几米，分别被设置在两个楼阁和一条栈道下面，给人的第一感觉，悬空寺似乎就是靠这三组立木支撑在悬崖上的。

　　古人是怎样建造的悬空寺呢？清代同治年间的一块石碑上写着："不知者以为神为之也。"相传，当年修悬空寺时，一位姓张的巧匠率众承揽施工，他们把所用材料在山下加工，然后绕几十里山路运到寺顶山头，连人带料吊下半崖，凌空施工。不仅寺庙悬空，连建造寺庙的人也要悬在

每个殿宇都是三层殿

悬空寺的谜与传说

半空工作,"悬空"二字被表现得淋漓尽致。

而事实上,考古学家发现,在所有寺内的楼阁和栈道下都埋有横梁,这些直径50厘米左右的木材,才是挑起整座楼阁的关键。专家统计过悬空寺共有这样的横梁27根,在其修建楼阁、栈道时,先在岩石上凿外小内大的石洞,然后把要插入石洞一端的木头上打上一个锥形的楔子,当把木头打入洞里的时候,楔子会撑开横梁,牢牢卡在石壁上,它的作用类似今天的膨胀螺栓,打的越深咬合就越紧,这样固定的横梁就把压力传到了岩石上。横梁就可以非常稳固,并被死死地卡在山崖之上了,好像是从岩石中长出来的一样。这些横梁露在外面的部分大约有一米左右,这些用作横梁的木头都是当地产的铁杉,事先用桐油浸泡过,有防腐作用。当把他们打入石壁以后,再在上面用木板铺成的走廊,悬空寺的"地基"就形成了。为了保证足够坚固,插在石壁里的木头一定比露在外面的长4—5倍,甚至更多。

根据寺里石碑的记载,在当时,工人们首先是要先把横梁来布置完成,然后再

悬空寺楼阁和栈道下都埋有横梁,起固定作用

悬空寺

石崖顶峰突出部分好像一把伞,使古寺免受雨水冲刷

在山脚下,利用这些木材,制造出来每一个建筑上使用的木质构件。当把所有的构件都造完之后,把它们搬运到山顶上,到达山顶之后,再用绳索把工人和这些部件都放到山腰,工人再把这些部件拼成一个单独的建筑。当所有个体的建筑都完成之后,这个工作还没有结束,还要再铺上栈道,把单个的建筑连接成整体,这样就便成了悬空寺。

古时候有个有巢氏,巢就是鸟的巢。就是在树上像鸟儿搭窝似的,用枝子、树干把它搭成一个房子。这个来源后来发展成为中国木结构体系,中国古代的工匠很早就已掌握了这一

古诗云:"飞阁丹崖上,白云几度封,蜃楼疑海上,鸟到没云中"

技术,在皇宫、都城、桥梁、民居中大量应用,但要在恒山这样一个悬崖绝壁之上,建筑寺庙几乎超越任何人的想象,所以悬空寺的建成被视为一个奇迹。

这样的鬼斧神工,正像古人的诗中写到的悬空寺:

嶙峋石壁开天半,突兀琳宫杳霭间。

梯抗虚无云外落,榄凭象罔镜中攀。

悬空寺

悬空寺的建成被视为一个奇迹

飞来灵鹫金银界，幻出蓬莱翡翠环。

试一登临尘世远，恍疑身在广寒还。

（二）悬空寺的传说

关于悬空寺还有一个这样有趣的传说。相传，在很久很久以前，掩映在恒山山腰里有一座名为无极庙的庙宇。尽管是一座小小的寺庙，但周围的风景却美得让人流连忘返。可是因为地处偏僻的山里，所以总是冷冷清

悬空寺的谜与传说

清的。这里住着一个胖胖的老和尚和他的小徒弟。

胖胖的老和尚不仅吃得多，而且不干活，专门靠欺压周围租庙田种地的佃户过活。不仅如此，他对小和尚也是非常苛刻。小徒弟因为是个孤儿，所以被老和尚天天欺负。小和尚每天早起扫地、挑水、做饭，忙里忙外，老和尚每天逍遥地到处乱逛，和周围寺庙的僧人聊天、下棋。每次老和尚出门之前，总是要狠狠的吓唬小和尚，让他老老实实干活，小徒弟吓得只是低着脑袋，不敢吭声。

有一天，小和尚正在菜园里种菜，忽然听见有人在喊他。回头一看，只见两个

悬空寺下立陡的岩壁

悬空寺

小女孩正朝他走过来。她们像双胞胎一样，长得很像，穿的也一样，皮肤白白的，很可爱的样子。

当这两个小女孩知道了小和尚每天都这样被欺负，都很同情他，就帮他一起干活。就这样，活儿很快就干完了，两个小女孩临走前，一再叮嘱小和尚不要把遇见她们的事情告诉别人。

第二天，那两个小女孩带来了一大堆跟她们差不多大的孩子来，她们不仅年龄相似，模样也差不多。大伙儿就都帮着小和尚干活，活儿干完了就一块儿玩。她们知道小和尚不仅被老和尚欺负，而且还吃不饱饭，后来他们每次来的时候，就都给他带了好多吃的。

关于悬空寺流传着许多美丽的传说

悬空寺的谜与传说

悬空寺内部

日子慢慢过去,大家渐渐成了好朋友。可是小女孩从来不告诉小和尚自己的家在哪里。小和尚问的时候,她们总是笑眯眯地往远处一指,说:"就在那儿!"就再也不说别的了。老和尚发现小徒弟最近很开心,心里又生气又奇怪。他问小和尚最近怎么这么开心,小和尚不敢说实话,只是说每天都干很多活,所以就不想家了。

老和尚听完以后,眼珠一转,说:"多做活儿就是痛快,以后你每天做完寺里的活,再到树林里去砍两捆柴吧!"小徒弟立刻答应下来。他在心里想:"别说两捆,就是八捆十捆，也不发愁，反正有大家来帮忙。"

老和尚看小和尚砍柴也很轻松，就让他干更多更重的活，哪知道这还是难不倒小徒弟。老和尚就越来越觉得奇怪。

这天晚上，老和尚把庙门一关，拉长着脸，揪着小和尚的耳朵，像审犯人似的问个不停。可是小和尚怎么也不肯把实话说出来。老和尚忽然很温和地哄他说："只要你跟我说实话，我一点儿也不怪你，以后也一定好好对待你。其实，你不说我也知道了。"

小和尚毕竟还是个孩子，听老和尚这么说，就把所有的事情都告诉了老和尚。老和

岩壁几乎呈 90 度，建造难度可想而知

悬空寺的谜与传说

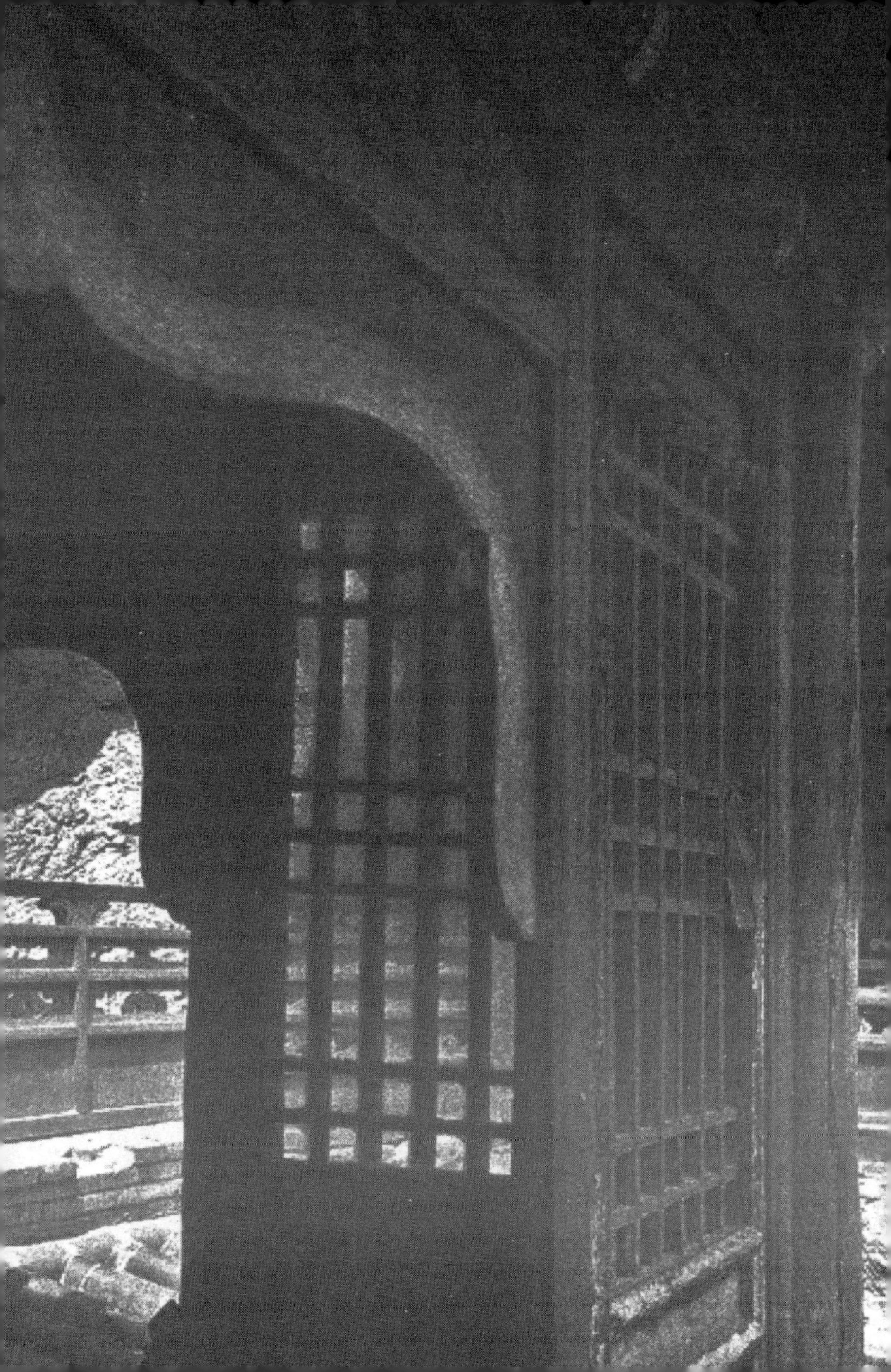

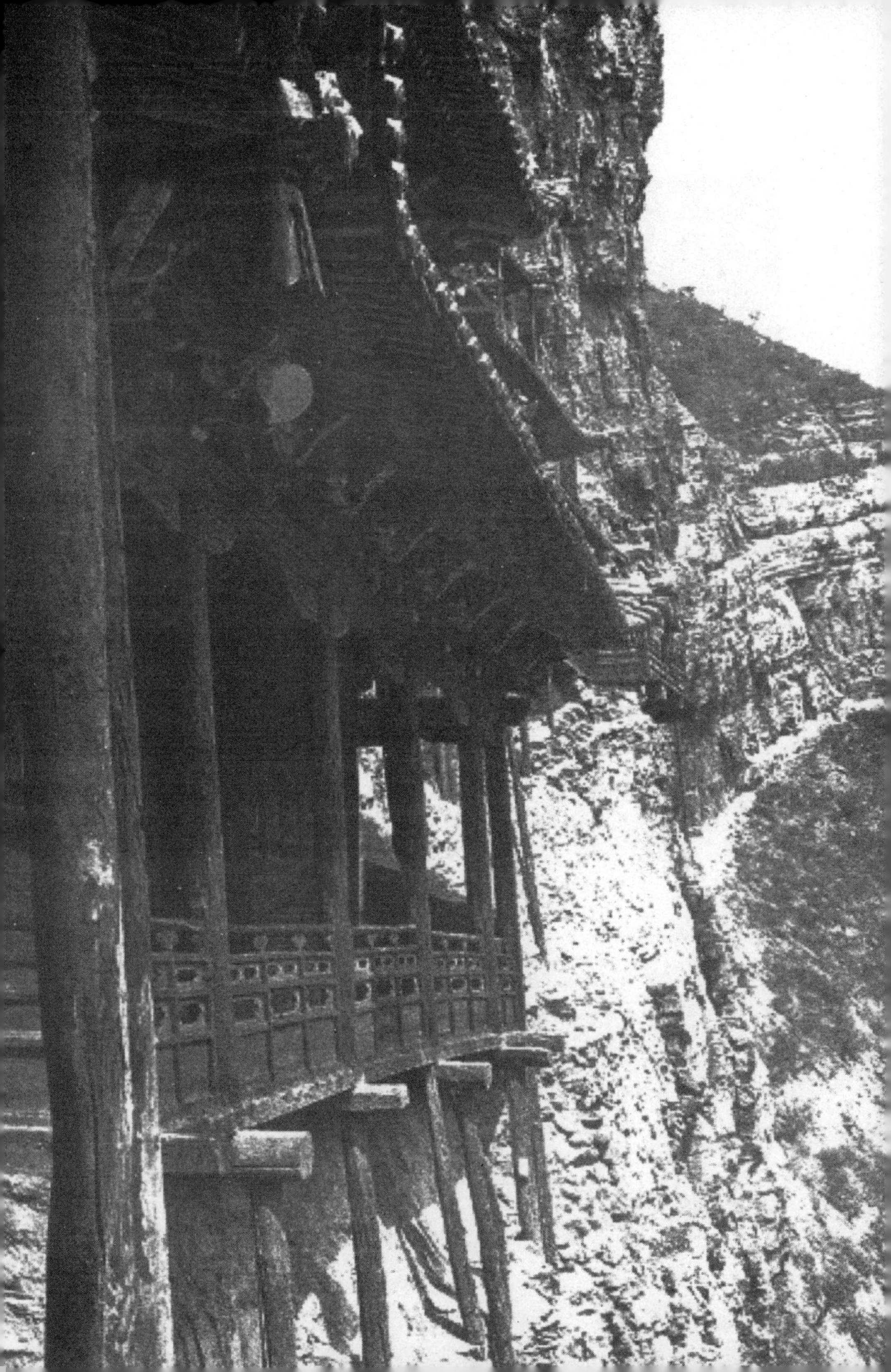

飞檐上的精美雕刻

尚听完以后，眉开眼笑地说："看你多有福气啊！有这么多的好朋友。可是你不想去她们家谢谢她们吗？"

小徒弟听完以后说："她们天天来帮我干活，我连她们住哪儿都不知道。我一定要去她们家谢谢她们。"老和尚看小徒弟已经上了他的当，就在小和尚耳边告诉他该怎么做。

小和尚再次出去的时候，口袋里装了一条很长的红绳儿。傍晚小女孩们走的时候，他把绳儿偷偷地系在最小的女孩的衣服上，把另一端拴在一棵小树上。

第二天一大早，一向很懒的老和尚起了个大早，顺着红绳儿去找小女孩们。追到一个荒坡上，发现绳儿绑在一棵野草上，他高兴得又叫又跳，立刻念了一段咒语。随后跑回家，让小和尚扛着锄头，跟他一起来。跑到绑着绳的地方，老和尚就让他挖。小和尚抡着锄头挖了很久以后，拉出来了一大串像白萝卜似的根儿来。这些根又白又嫩，还长着好几个岔岔，老和尚捧着它们高兴极了。

回到庙里，老和尚赶忙挑出四棵，

亲自动手把它们洗干净，放进锅里煮，其他的又赶快锁进箱子里。干完这些之后，老和尚凶巴巴的对小徒弟说："你在这儿看着火，我出去一下，不许你动锅盖。要敢动一下，小心你的骨头！"说完，就找他的道友去了。

小和尚被老和尚吓唬一通，又难过又害怕。这时，忽然听到屋子里传出一阵小孩儿的哭声，还有人轻轻地叫他的名字。他走进屋里，发现一个人也没有，刚要出来，又听见一声叫，原来是从箱子里发出来的。

危崖峭壁

他定了定神，取下钥匙打开了锁。掀起箱盖一看，里边有一群小女孩，原来就是他的小朋友们。这时，小徒弟也顾不上老和尚的吩咐，马上揭开锅盖，有四个小女孩已经死了。大家看到这样的情形，都静静地守在锅旁，掉下了眼泪，小徒弟心里更是难受。小和尚擦擦眼泪，赶紧把汤倒到桶里。小女孩让小和尚把汤绕着庙外的墙根浇一圈。小和尚刚把汤浇完，整个庙就浮了起来，渐渐离开地面。

正在这时，老和尚带着他的朋友正好回来。他兴高采烈地说："我抓到了成精的人参娃娃，你想这是多好的宝贝啊！咱们吃了

古代工匠在刀削岩壁上修建了如此精美的
楼阁殿宇

它，不就长生不老了吗？长生不老……"话没说完，老和尚就看见整个庙宇离开了地面。他大叫"不好"，朝庙的方向飞奔过去。伸手抓住庙的台阶，想把它拽回地面，哪知自己也跟着庙渐渐地往天上飘。

小徒弟看他可怜，正想把他拉回来，小女孩们马上阻止他，说："你拉上他回来再吃我们吗？"小徒弟心想："几个好朋友都是被他害死的！"于是，抓起一根竹竿就来驱赶老和尚。庙越飞越高，从此就悬在空中了。

悬空寺

六 悬空寺的僧人及周边景观

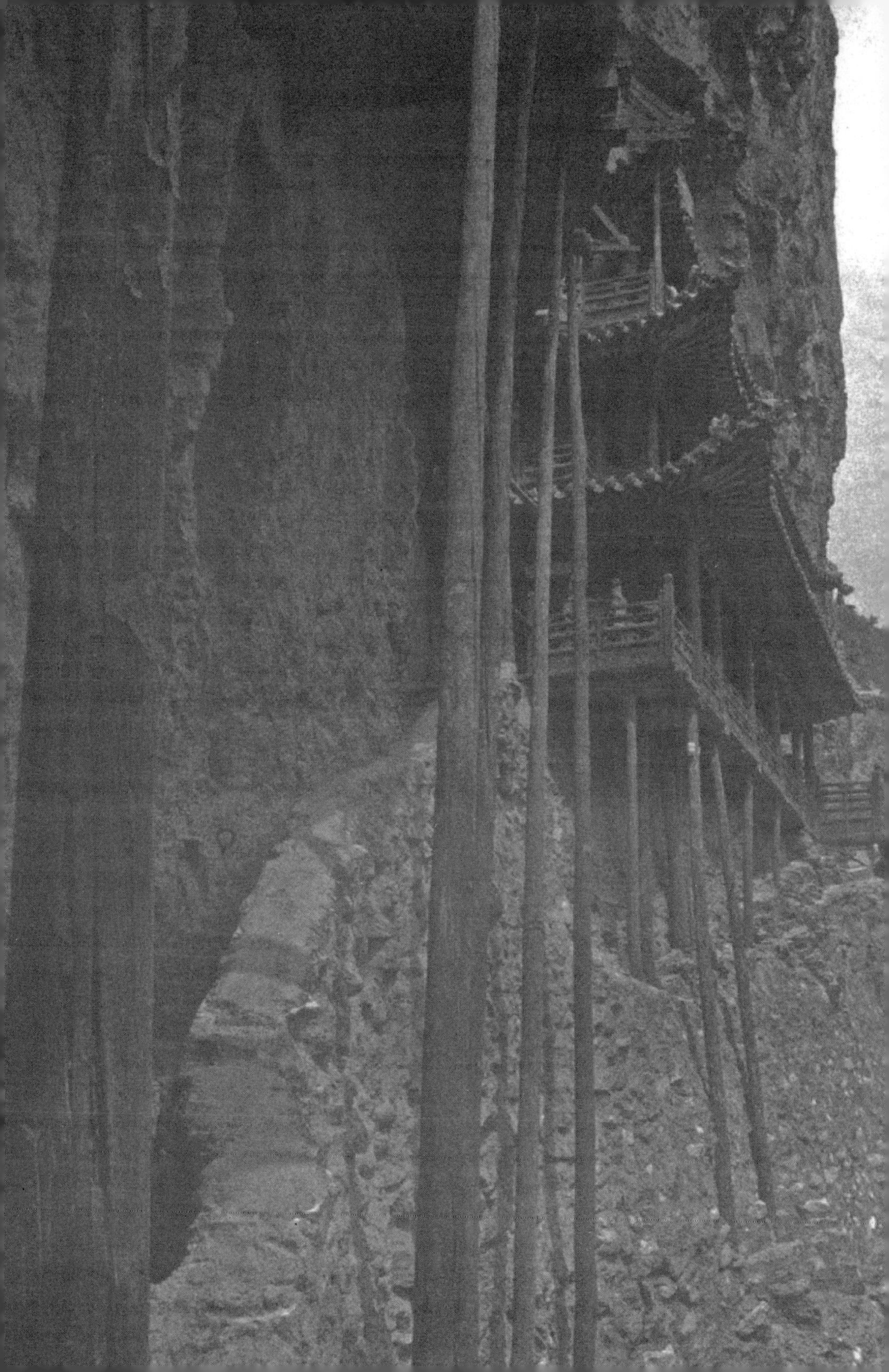

过悬空寺　明·郑洛

石壁何年结梵宫，悬崖细路小径通。

山川缭绕苍寞外，殿宇参差碧落中。

残月淡烟窥色相，疏风幽籁动禅空。

停车欲向山僧问，安得山僧是远公。

悬空寺访僧　清·魏象枢

遥闻十里钟，在山忽在水。

盘折叩山门，老僧闲在此。

巉岩缀虚空，石阁轻如纸。

携手说飞登，白云檐外止。

悬空寺曾经是否有过僧人，他们的生活怎样，又是如何修行的，今天我们已经无从考证，但是从两位前人留下的诗句来

据说飞梁超用桐油浸过，有防腐的作用

悬空寺的僧人及周边景观

屋檐横梁上绘有图案

看,那时的悬空寺还是一个修行的好去处,于是才有清人赵开祺写下的《悬空寺》:幽栖向飞阁,高坐恍虚槎。窗迥含星动,阑回傍月斜。飘形御仙气,挥手拂天花。未可忘尘事,徒令羡出家。

今人在悬空寺游览时会觉得,这里显然不适合人长期居住,因为除了刚进寺的几间房子可以住人以外,其他的建筑都类似于"龛"。大体都是神像放在石壁当中，神像前留出香案的位置，之后就是门廊。高个人进到里面必须低着头，稍微胖点的人进去转弯都有些困难，在这里面长期居住更加无法想象。

或许就是这样既"悬"又"空"的地方，恰恰迎合了与世无争，远离尘世的欲望。在恶劣的环境下，忍受极为贫乏近乎空白的物质生活，没有电视、报纸、电话。一切似乎都是停滞的，时间慢得让人察觉不到流动。人没有什么机会去想别的外在的附属，只能往里看，探入到自己的内心去。

精巧的建筑

悬空寺的僧人及周边景观

有一本写隐士的书叫《空谷幽兰》，它的序言中有这样一句话："我总是被孤独吸引。当我还是个小男孩时，我就很喜欢独处。那并不是因为我不喜欢跟其他人在一起，而是因为我发现独处有如此多的快乐。有时候，我愿意躺在树下凝视着树枝，树枝之上的云彩，以及云彩之上的天空；注视着在天空、云彩和树枝间穿越飞翔的小鸟；看着树叶从树上飘落，落到我身边的草地上。我知道我们都是这个斑斓舞蹈的一部分。而有趣的是，只有当我们独处时，我们才会更清楚地意识到，我们与万物同在。"其实僧人又何尝不是如此

精雕细琢的屋檐

悬空寺

屋檐对面是千仞峭壁

岩壁上的石刻大气磅礴

悬空寺的僧人及周边景观

北岳恒山

站在悬空寺上体会"高处不胜寒"
悬空寺
098

横山脚下一景

呢，他们与自然融为一体，在放弃名利的同时，在忍受孤独的同时，他们得到了真正的自由和快乐。

恒山悬空寺带给我们的不仅仅是古代建筑艺术的奇观，还有壮观之余的内涵。在这虚无缥缈的半空，你也许可以摆摆"高高在上"的威风，也可以尝尝"高处不胜寒"的悲凉。也许只有在这里你对"空灵""空旷""空幻"，才有一份新的领悟；也只有你真的做到"空灵""空旷""空幻"，才能体会那一份"兴来每独往，胜事空自如。行到水深处，坐看云起时"的意境。

古代僧人独特的生存状态和心理状态，以

悬空寺的僧人及周边景观

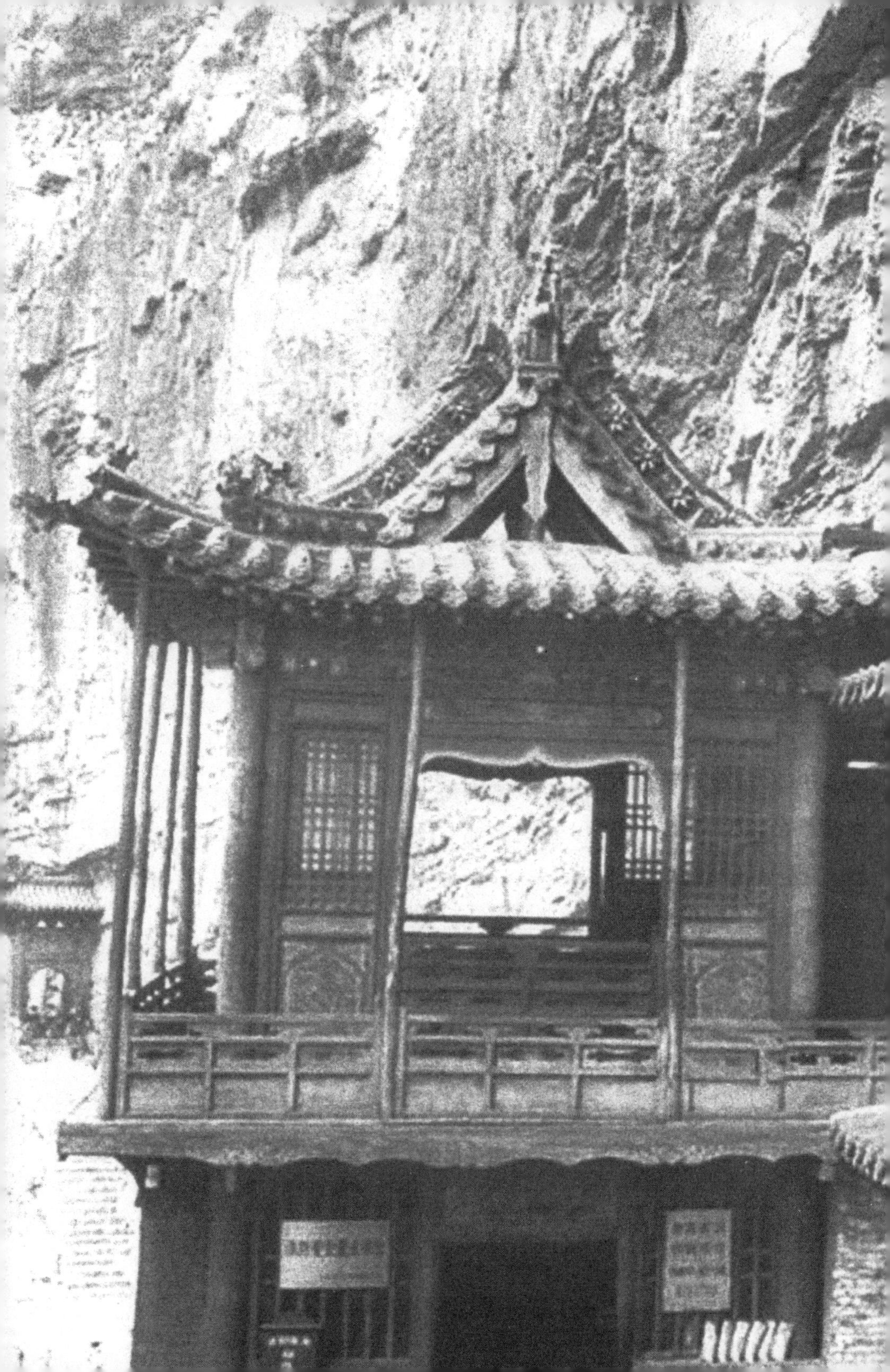

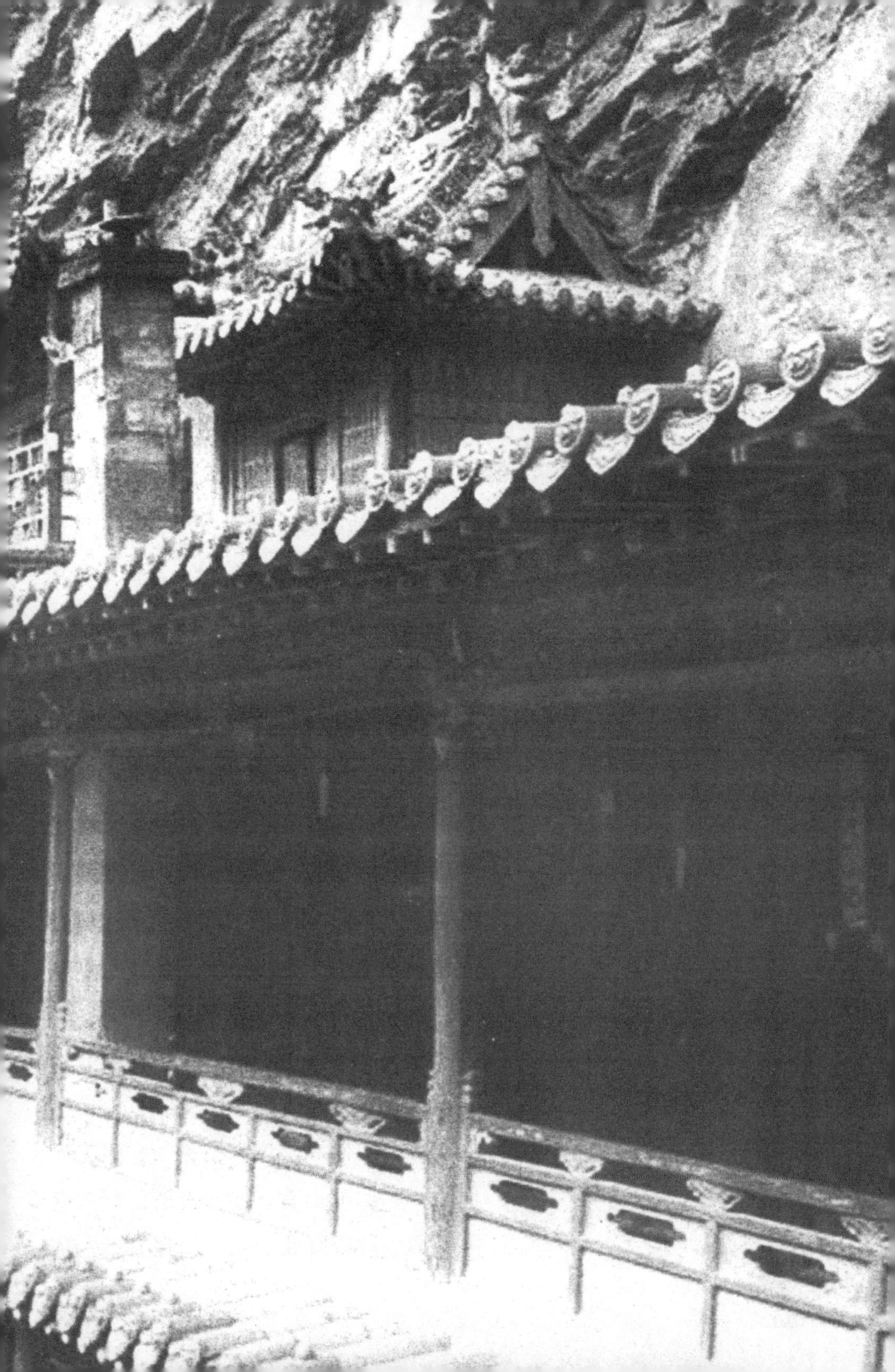

青海西宁悬空寺

及他们对精神追求的全部激情和梦想，都凝结在了悬空寺的每一处建筑中。一个"玄"字，一个"空"字，涵盖了千年文化中对人同世界命运起伏跌宕的质朴与敬畏。

（一）青海西宁悬空寺

青海西宁悬空寺又叫做北禅寺，最初建于北魏时期，位于西宁市北山。因为这里的丹霞地貌是向里凹进的，所以形成了许多大小不等的洞穴，素有"九窟十八洞"之称。山崖间修筑的栈道回廊把修筑的殿宇和洞穴连接起来，使得殿中有洞，洞中套洞，景致十分特别。洞里有佛、道诸神的塑像，被称为中国第二座悬空寺。

不仅只是这些洞窟与众不同，这些洞里还保留着部分从隋唐至永庆年间的壁画，艺术价值很高，有"西平莫高窟"的美称。东侧的倚山矗立着一座30米高的巨大佛像——"露天金刚"。佛家称其为"内佛"，道家则称为"西王母现影"。山顶上有一座宁寿塔，每当烟雨飘洒，朦朦胧胧的山隐埋在雾里，从

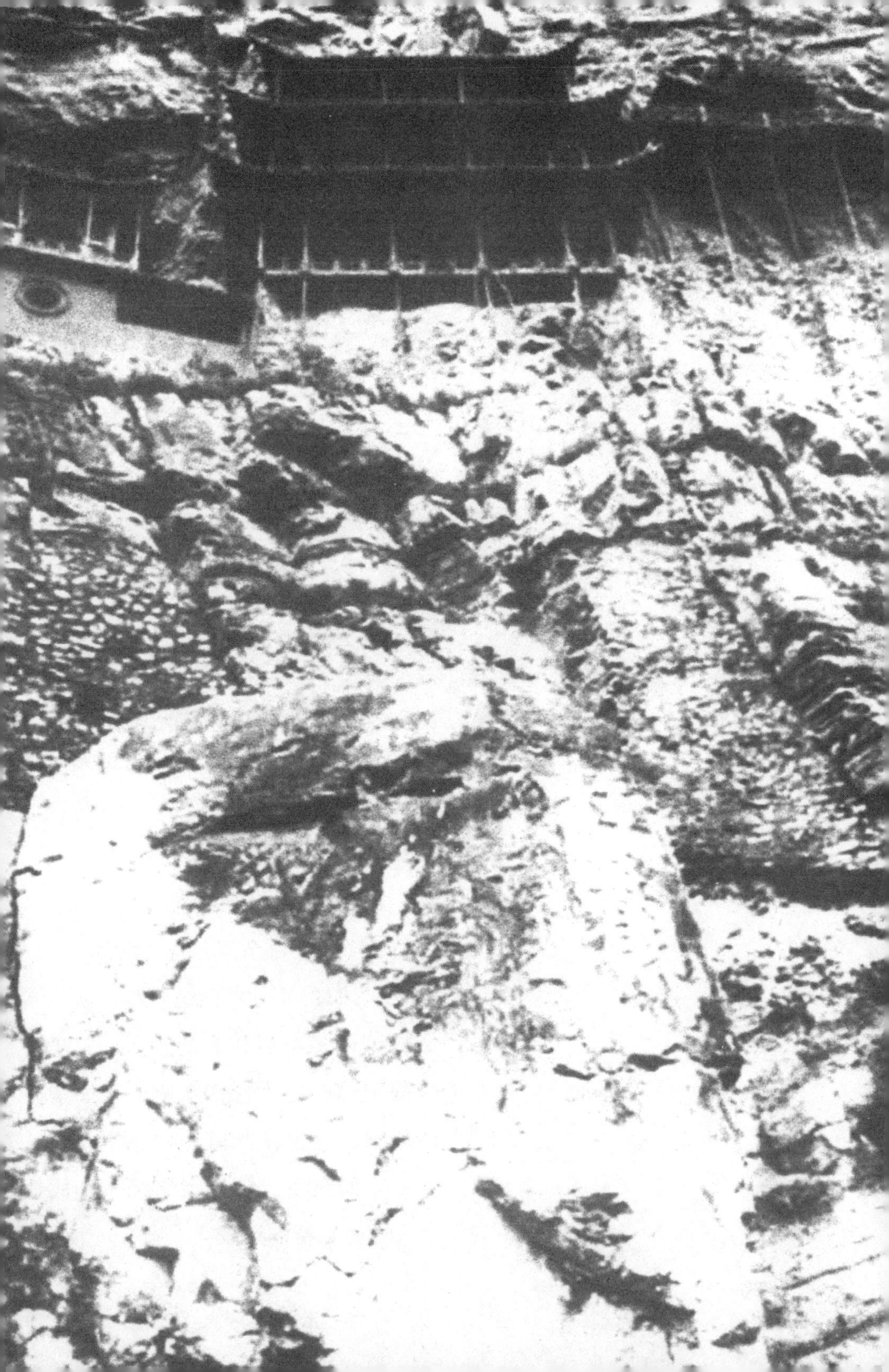

青海西宁悬空寺

远处观望雾中的殿宇，楼塔时隐时现，仿佛仙境一般。

北魏旅行家郦道元在他的《水经注》中写道："湟水东流，经土楼南，上有土楼，北依山原。峰高三百余尺，有若削成。"这里是丝绸之路南线的必经之路，所以流下了历朝许多有名和尚的脚印，几千年的风雨把这的巨大佛像洗刷为了一道靓丽的风景；这里又是暨山西悬空寺之后又一处人间奇观，旅游者络绎不绝成为了今天一道独特的风景。

河北苍山悬空寺

（二）河北苍山悬空寺

　　河北苍山的桥楼殿是我国三大悬空寺之一。据专家考证说该建筑是在隋朝时期建造的，桥上的楼殿是唐代建筑。这座桥楼殿坐西朝东，长约有 15 米，宽约 8 米。横跨在左右两座山的峭壁之间，仿佛直插在两座山壁中，悬空在山体里。建筑的斗拱高挑，流苏彩绘熠熠发光，远远望去，有高不可攀、腾空欲飞的气势。

　　巍峨独特的亦桥亦殿风格，掩映在重山叠翠中，形成"桥殿飞虹"的天下奇观。

悬空寺的僧人及周边景观

一进桥楼殿，就可以看到里有释迦牟尼佛、阿弥陀佛、药师琉璃光王佛三尊佛像，背面则是观音像，两侧的十八罗汉像。无疑与山西悬空寺不同的是，它并不是一个儒释道三教合一的寺庙。整个寺庙最令人惊异的是，在桥楼殿上方100米处的弯路上，过往的行人皮肤在阳光的照耀下，有变黄变绿的现象，走在上面仿佛有种瞬间美"黄"、美"绿"的感觉，众多美白产品顿觉失色。关于这样一种奇妙的现象，光学专家、气功大师、佛教人士都各持己见，说法不一，可以说是苍岩山多特的"一奇"。

桥殿飞虹

悬空寺

广灵小悬空寺

（三）山西广灵县悬空寺

山西广灵县城南的壶山上的大士庵和水神庙合称为"小悬空寺"，这座"小悬空寺"是北魏时期修建的，凭上而建，毅力在山巅，现在保留下来的是明代时期翻修的。小悬空寺是一座典型的平面八角形建筑，有山门、正殿、东西殿、钟楼等。它不似山西悬空寺那样凭山势而建，也不如青海西宁悬空寺那样有石窟作为天然的

悬空寺的僧人及周边景观

广灵小悬空寺

广灵小悬空寺

悬空寺

广灵小悬空寺

殿宇，它的建筑完完全全是后天人工雕刻而成。

走入店堂内会发现，殿堂的雕刻手法十分细腻，钟楼的结构玲珑剔透，回廊掩映围绕，给人一种与世隔绝的清净。在寺内的东南角，有一座高约二十米的八角形砖塔，塔上雕有斗拱、门窗、塔刹、脊饰，十分精巧，一共七层的砖塔，每一层的楼阁都是工匠们精心打造而成的。

寺里还有一口古井，夏天的时候，泉水汩汩而出，形成凌波浮动的深潭，在月色的掩映下，碧光潋滟，殿堂楼阁的倒影浮动在水面上，宁静怡然的姿态很有江南

悬空寺的僧人及周边景观

水乡的风味。在中原地区建造一座颇具水乡特色的寺庙，不能不说是一种精巧技艺。

（四）云南昆明西山悬空寺

云南昆明西山的悬空寺又叫三清阁，它建在昆明西南郊的西山罗汉岩上。这座悬空寺最初建于元代，作为梁王的避暑行宫，后来经过明、清两代的扩建，形成如今的规模。它是由一组建筑在险峭岩壁上的殿阁群组成，各处楼殿全部都巧妙地依崖建在绝壁之上，成为典型的空中楼阁。在殿中俯瞰滇池，万丈悬崖下一脉池水缓缓铺开，气势极其壮观。

三清阁里是儒释道混合的塑像，这一点很接近山西悬空寺。连接三清阁和其他殿宇

云南西山悬空寺

悬空寺

云南西山悬空寺

的回廊，完全是在石壁上硬凿出的一条隧道，下有台阶，外侧有窗户一般的开口，仿佛真的是一座回廊。它不像青海西宁悬空寺那样的丹霞地貌天然形成了一个个石洞，它是后天人工用斧凿一点一点打造而成的。置身其中，"别有洞天"、"巧夺天工"这样的词语都很难表达出对古代工匠的赞叹之情。百丈的悬崖峭壁上，有这样的诗句述说对它的赞叹："仰笑宛离天尺五，凭临恰在水中央。"

（五）浙江建德悬空寺

浙江建德的大慈岩，紧邻千岛湖，最

悬空寺的僧人及周边景观

初建造在元大德初年。它也是一座依山而建的木质悬空建筑，它的主体建筑是地藏王菩萨殿，垂直立在二百米高的绝崖石壁上，很像山西悬空寺。它也是一半嵌在岩壁里，一半凌空架在悬崖上，以山势作为设计寺庙的模版，或高或低，与山峰合为一体。因此人们常说"北有恒山悬空寺，窗有建德大慈岩"，把它称作"江南悬空寺"。

除了"悬空寺"，这里还有一个奇景就是大慈岩的天然立佛。整座石佛由岩、洞、草木组合而成，总高度147米，头部高41.3米，肩宽60米，比例匀称，栩栩如生，堪称"全国第一天然石佛"。而大慈岩也因"山是一

浙江建德大慈岩寺

悬空寺

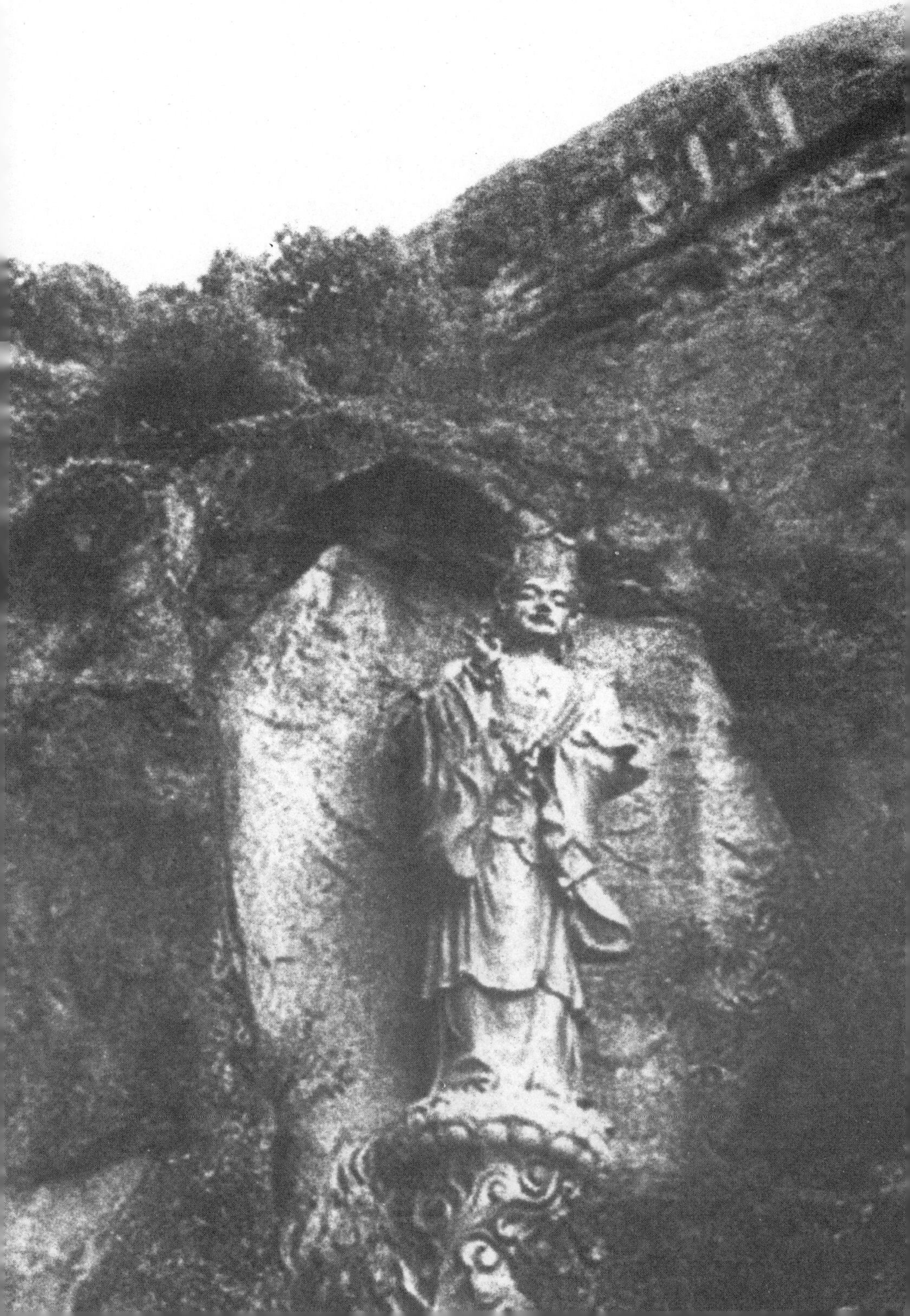

座佛，佛是一座山"的稀有景观而名扬四海而载入《中国之最》。

在众多的悬空寺当中，最著名的当属山西的恒山悬空寺。古往今来，许多文人墨客、专家学者都慕名而来，为悬空寺留下了不少题咏之作。古代诗人形象的赞叹悬空寺："飞阁丹崖上，白云几度封，蜃楼疑海上，鸟到没云中。"当年唐代大诗人李白游历到此，见到悬空寺此情此景让他诗性大发，不过这样的景象竟很难把它们形成文字，于是只是挥毫留下了"壮观"二字，李白的诗很多，但是留下来的字却并不是很常见，由此可见悬空寺给诗人留下的印象之深。后来到了明朝末年，著名的地理学家徐

山西恒山悬空寺极负盛名

悬空寺

凌空飞寺，云罩楼阁

霞客也到了这个地方，盛赞悬空寺为"天下巨观"，以此来形容古代建筑史上的一个伟大奇迹。

明诗人汪承爵在《望悬空寺》中说它"刻石成香地，凭虚结构工"。清朝诗人邓克劭在《游悬空寺》中又说它"石屏千仞立，古寺半空悬"。清同治年间的重修碑记中也说"不知者以为神为者也"。而当地民谚则有更为通俗形象的描述，说"悬空寺，半天高，三根马尾空中吊"。我国

李白游历至此，挥笔提下"壮观"二字

著名文物学家郑孝燮先生表示：悬空寺百来百看不厌。罗哲文先生也说："山有突出来的地方，或者是有变化的地方，就把它用梁子或者桥结合起来，这样就变成了一个仙山楼阁式的、艺术价值很高的组合，的确有音乐式的，有起伏昂扬的，我觉得从这方面来说，悬空寺体现的非常非常的好"。意大利考古专家尼诺先生认为：悬空寺及它象征的一切，体现了中华民族伟大的文化成就，是中国人民智慧的杰出体现，仅仅为了这座奇特的寺庙，就值得到中国来一趟。德国的一位建筑专家说：悬空寺把力学、美学和宗教巧妙地结合在一起，我真正懂得了毕加索所说"世界上真正的艺术在东方"，这句话的真正含义了。

危楼高百尺，

手可摘星辰。

不敢高声语，

恐惊天上人。

——李白的《夜宿山寺》

或许只有在悬空寺上夜宿，才可以感受到"手可摘星辰"那样的意境吧。如今已无从考证，这首诗是不是李白对悬空寺的感受。传说总是有很多种，但是我们把它当做对悬空寺的形容，又有什么不可呢？

万丈悬崖上出现这样一个人造的建筑物，它的建造是在早于我们一千五百多年的北魏，

万丈悬崖之上的悬空寺

悬空寺的僧人及周边景观

很难想象在没有任何现代建造设备的北魏，竟在万丈悬崖上造出如此精致的建筑

那时候没有吊车、没有混凝土、没有钢筋……

也许悬空寺的华丽跟我们现代的东西无法相比，比如一则新闻上说美国人在他们著名的科罗拉多大峡谷上面建了一个向外伸出几十米的一个大的平台，而且这个平台是透明的，你站在那个平台上可以往下看，就是万丈深渊，那个景象一定会让人更加惊异，但是这里面存在一个时间上的差别。

在那样一个手上只有凿子、锤子和木头的年代，修建出这样的一个高百尺的"危楼"，是作为现代人的我们不得不佩服的。就像明朝的汪承爵所说的：

悬空寺

悬空寺冬景

"刻石成香地,凭虚结构工。梵宫依碧献,栈阁俯丹枫。涛壮磁窑雨,僧寒谷口风。跻攀真不易,遥望意无穷。"

悬空寺